Babilonia, Misterio Religioso

ANTIGUO Y MODERNO

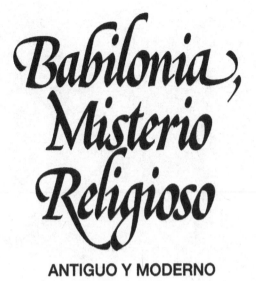

Babilonia, Misterio Religioso

ANTIGUO Y MODERNO

editorial clie

RALPH WOODROW

EDITORIAL CLIE
M.C.E. Horeb, E.R. n.º 2.910-SE/A
C/ Ferrocarril, 8
08232 VILADECAVALLS (Barcelona) ESPAÑA
E-mail: libros@clie.es
Internet: http:// www.clie.es

BABILONIA, MISTERIO RELIGIOSO

ISBN: 978-84-8267-523-7

Clasifíquese:
1130 APOLOGÉTICA ANTI-CATÓLICA
CTC: 03-16-1130-01
Referencia: 22.00.74

HB 11.30.2023

Printed in USA

INDICE

EL PAPA CELEBRANDO MISA EN EL ALTAR MAYOR DE LA IGLESIA DE SAN PEDRO EN ROMA ¿Tienen los papas y los curas realmente poder para cambiar el pan y el vino en el cuerpo y la sangre de Cristo durante el misterioso ritual de la Misa? (Véase el capítulo diecisiete).

1

BABILONIA: CUNA DE FALSAS RELIGIONES

La misteriosa religión de Babilonia ha sido simbólicamente descrita en el último libro de la Biblia como una mujer de mala fama. A través de una visión, el apóstol Juan vio a una mujer vestida de púrpura y escarlata y adornada con oro y piedras preciosas y de perlas; tenía un cáliz de oro en sus manos, lleno de abominaciones y de la suciedad de su fornicación; en su frente tenía un nombre escrito: *Misterio, Babilonia la Grande, la madre de las fornicaciones y de las abominaciones de la tierra* (Apocalipsis 17:1-5).

¿Cuál es el significado de esta extraña visión que fue dada a Juan? Es conocido muy bien que en el lenguaje simbólico de la Biblia, una mujer representa a una iglesia. La verdadera Iglesia, por ejemplo, es semejante a una esposa, una virgen casta, una mujer santa y sin mancha (Ef. 5:27 y Apoc. 19:7-8). Pero como un acentuado contraste con la verdadera Iglesia, la mujer de nuestro texto es descrita como una mujer sucia y corrompida o, usando mejor el lenguaje de la Biblia, diremos que es una ramera. Es evidente que el sistema religioso aquí descrito, es un sistema falso, una iglesia corrompida y caída. En letras mayúsculas, la Biblia la llama «Misterio, Babilonia».

Cuando Juan fue inspirado a escribir la revelación, Babilonia —como ciudad— había sido destruida y dejada en ruinas. Desde entonces ha continua-

do estando perdida y desolada, habitada solamente por animales salvajes; tal como lo anunciaron los profetas (Is. 13:19-22 y Jer. 51:62). Pero aunque la ciudad de Babilonia fue destruida, hemos de ver que la *religión* de Babilonia continúa y está muy bien representada en muchas naciones de este mundo. Y, como Juan hablaba de una iglesia, una *religión*, bajo el símbolo de una mujer llamada Babilonia, es evidente que se refiere a una religión babilónica. ¿Pero cuál era esta antigua religión babilónica? ¿Cómo tuvo su comienzo? ¿Qué significado tiene en estos tiempos?

Volvamos las páginas del tiempo al período pasado, poco después del Diluvio. En aquellos días el hombre comenzó a emigrar desde el oriente. «Y aconteció que al ir viajando al oriente, hallaron una llanura en la tierra de Shinar y quedáronse a morar allí» (Gén. 11:2).

Fue en esta tierra de Shinar que la ciudad de Babilonia fue construida, y esta tierra se llegó a conocer más tarde como Babilonia y aún más adelante como Mesopotamia.

Aquí los ríos Tigris y Eufrates habían almacenado ricos depósitos de tierra que podían producir grano en abundancia. Sin embargo, existían ciertas desventajas, las cuales tenían que afrontar las gentes que habitaban esa tierra. Esta estaba sobrepoblada de animales salvajes, los cuales eran un peligro constante para su seguridad y paz (Ex. 23:29-30). Obviamente, cualquier persona que pudiese proporcionarles protección contra estas bestias salvajes, recibiría gran clamor de parte de su gente.

Y así en este punto, un hombre grande y poderoso, cuyo nombre era *Nimrod*, apareció en escena. Se hizo famoso como un gran cazador de bestias salvajes. La Biblia nos dice: «Y Cush engendró a Nimrod: éste comenzó a ser *poderoso* en la tierra. Fue un vigorozo cazador delante de Jehová; por lo cual se dice: Así como Nimrod, vigoroso cazador delante de *Jehová*» (Gén. 10:8-9). Estos versos contienen un significado muy importante, el cual es raramente notado: es el hecho de que Nimrod fue un «poderoso cazador», lo cual le hizo famoso dentro de aquellas gentes primitivas. Como lo declaran las Escrituras, se volvió poderoso en la tierra, era un líder famoso en los sucesos del mundo. «Nimrod era tan poderoso y era tan grande la impresión que causó en la mente de los hombres, que el oriente está lleno actualmente de tradiciones de sus extraordinarias proezas.»[1]

Habiendo obtenido gran prestigio entre las gentes, Nimrod estableció un sistema para obtener mejor protección. En vez de pelearse constantemente con las bestias salvajes, ¿por qué no organizar a la gente en ciudades y rodear éstas de murallas para resguardarse? Entonces, ¿por qué no organizar estas ciudades en un reino y escoger un rey para que

---

1. Historia antigua en luz de la Biblia (Ancient History in Bible Light), p. 54.

reine sobre ellos? Evidentemente, este era el pensamiento de Nimrod, ¡porque la Biblia nos dice que organizó dicho reino! «Y fue la cabecera de su reino Babel y Erech y Accad y Calneh, en la tierra de Shinar» (Gén. 10:10). Y así el reino de Nimrod fue establecido como el primer reino mencionado en la Biblia.

Todos estos adelantos hechos por Nimrod pudieron haber sido buenos, pero Nimrod fue un «reinante no temeroso de Dios». La Escritura dice que era «poderoso». No solamente indica que se hizo famoso y poderoso políticamente, sino que la expresión también tiene un significado hostil. Esta expresión viene del hebreo *Gibor*, que significa «tirano», mientras que el nombre Nimrod significa *rebeldía*. Como lo dice la *Enciclopedia judía*, Nimrod fue aquél quien hizo a las gentes rebelarse en contra de Dios».[1]

Esta misma naturaleza rebelde de Nimrod puede verse también en la expresión de que era un poderoso cazador «ante Jehová». La palabra «ante» en este caso, también denota un significado hostil. En otras palabras, Nimrod se estableció «ante Jehová», la palabra «ante» como traducción de la palabra en hebreo, que significa «contra» Jehová.[2]

Pero no solamente estaba Nimrod contra el verdadero Dios, sino que también era un sacerdote de idolatría diabólica y de atrocidades de la peor clase, tal como hemos de verlo. Finalmente, Nimrod, el rey-sacerdote de Babilonia, murió. De acuerdo a las leyendas, su cuerpo fue cortado en pedazos y quemado y los pedazos fueron enviados a varias áreas. Prácticas similares se mencionan en la Biblia (Jc. 19: 29 y 1.º S. 11:7). La muerte de Nimrod fue muy lamentada por la gente de Babilonia. Pero aun cuan-

---

1. Vol. 9, p. 309.
2. Strong's Concordance. cp. Núm. 16:2; 1.º Cró. 14:8; 2.º Cró. 15:10.

do Nimrod había muerto, la religión babilónica, en la cual él tuvo una parte tan prominente, continuó y se desarrolló aún más, bajo el liderazgo de su esposa.

Después de la muerte de Nimrod, su esposa, la reina Semiramis, lo proclamó como el dios-Solar. Más tarde, cuando esta mujer adúltera e idólatra dio a luz a un hijo ilegítimo, proclamó que su hijo, Tammuz de nombre, no era más que el mismo Nimrod renacido (véase la ilustración de Tammuz en el arte clásico). Ahora, la reina-madre de Tammuz, sin duda que había escuchado la profecía de la venida del Mesías, que nacería de una mujer, pues esta verdad era muy conocida desde el principio (v. Gén. 3:15). Satanás había engañado primero a una  mujer, Eva; pero más tarde, a través de una mujer, habría de venir el Salvador, nuestro Señor Jesucristo. Satanás, el gran falsificador, sabía también mucho del plan divino. Fue así que comenzó a suplantar falsedades acerca del verdadero plan, siglos antes de la venida de Jesús.

La reina Semiramis, como un instrumento en manos de Satanás, reclamaba que su hijo fue concebido de una forma sobrenatural y que él era la semilla prometida, el «salvador del mundo». Pero no solamente era el pequeño adorado, sino que también la mujer, la madre, lo era también igual (o más) que el hijo. Como podremos ver en las páginas siguientes, Nimrod, Semiramis y Tammuz fueron usados por Satanás para producir una falsa religión —que a veces parece ser como la verdadera—, y su sistema corrompido llenó al mundo.

La mayoría de la idolatría babilónica era acarreada a través de *símbolos* —por eso era una religión *misterio*—. El becerro de oro, por ejemplo, era un símbolo de Tammuz, hijo del dios-Solar. Como se consideraba que Nimrod era el dios-Solar o *Baal*, el fuego era considerado como su representante en la tierra. Se encendían candelabros y fuegos ritualistas en su honor, como lo veremos más adelante. También se simbolizaba a Nimrod por medio de símbolos solares, peces, árboles, columnas y animales.

Siglos más tarde, Pablo dio una descripción que detalla perfectamente el camino que la gente de Babilonia siguió: «Porque habiendo conocido a Dios, no le glorificaron como a Dios ni dieron gracias; sino que se hicieron tontos en sus razonamientos y su necio corazón fue entenebrecido. Diciéndose ser sabios, se hicieron necios y tornaron la gloria de Dios incorruptible, en algo semejante a la imagen del hombre corruptible y de aves y de animales cuadrúpedos y de serpientes..., los cuales cambiaron la verdad de Dios por la mentira, honrando y sirviendo a la creación en vez de al Creador, el cual es bendito por los siglos. Amén... Por esto Dios los entregó a afectos vergonzosos» (Rom. 1:21-26).

Este sistema de idolatría se esparció de Babilonia a las naciones, pues fue de este sitio de donde fueron los hombres dispersados sobre la faz de la tierra (Gén. 11:9). Como salían de Babilonia, llevaban consigo su idolatría babilónica y sus símbolos misteriosos. Por lo cual, hasta hoy en día encontramos evidencias de esta religión de Babilonia, ya sea de una o de otra forma, ¡en «todas» las religiones falsas de la tierra! En verdad, Babilonia fue la *madre* —la precursora— de las falsas religiones e idolatrías que se desparramaron por toda la tierra. Como lo declaran las Escrituras, «porque todas las naciones han bebido del vino de su fornicación» (Jer. 51:7 y Apoc. 18:13).

Además de la prueba escrita de que Babilonia fue la madre, el nido de religiones paganas, también tenemos el testimonio de conocidos historiadores; por ejemplo, Herodoto, el viajero mundial e historiador de la antigüedad. El presenció la religión-misterio y sus ritos. en numerosos países y menciona cómo Babilonia fue el nido original del cual *todo* sistema de idolatría proviene.[1]

Bunsen dice que el sistema religioso de Egipto fue derivado de Asia y «del Imperio primitivo de Babel». En su conocido trabajo titulado *Nínive y sus ruinas*, Layard declara que tenemos el testimonio unido de historia profana y sagrada, que la idolatría originó en el área de Babilonia el más antiguo de los sistemas religiosos.[2]

Cuando Roma se convirtió en un imperio mundial es un hecho conocido que ella asimiló dentro de su sistema a dioses y religiones de todos los países paganos sobre los cuales reinaba.[3] Como Babilonia era el origen del paganismo de estos países, podemos ver cómo la nueva religión de la Roma pagana no era más que la idolatría babilónica que se desarrolló de varias formas y bajo diferentes nombres en las naciones a las que fue.

Teniendo todo en cuenta, notamos que fue durante el tiempo del dominio de Roma que el ver-

---

1. **Historia de Herodoto** (Her. 2, p. 109).
2. Vol. 2, p. 440.
3. **Testamento de Roma** (Legacy of Rome), p. 245.

dadero Salvador, *Cristo Jesús*, nació, vivió entre los hombres, murió y resucitó de entre los muertos. Entonces ascendió al cielo, envió al Espíritu Santo y la Iglesia del Nuevo Testamento fue establecida en la tierra. ¡Y qué gloriosos días fueron esos! Basta solamente con leer el libro de los Hechos para ver cuánto bendijo Dios a sus genes en esos días. Multitudes se añadían a la Iglesia, la verdadera Iglesia. Grandes hechos y maravillas se hacían como confirmación de Dios a su Palabra. La verdadera cristiandad estaba ungida por el Espíritu Santo, y barría a la idolatría como el fuego en la pradera. Rodeaba las montañas y cruzaba los mares. Hizo que temblaran y temieran los tiranos y reyes. ¡Se decía de aquellos cristianos que habían volteado al mundo de arriba para abajo! Así era su mensaje y su espíritu, lleno de poder.

No habían pasado muchos años cuando comenzaron a proclamarse algunos hombres como «señores» sobre el pueblo de Dios, tomando el sitio del Espíritu Santo; en vez de conquistar por medios espirituales y verdaderos —como lo habían hecho en los primeros días—, éstos empezaron a sustituir la verdad e implantar sus propias ideas y métodos. Se comenzaron a hacer intentos por unir el paganismo con la cristiandad, inclusive en los días cuando el Nuevo Testamento era escrito, porque Pablo menciona que «...el *misterio* de iniquidad ya está obrando» (2.ª Tes. 2:7). El nos previene que ha de venir una «apostasía» y que muchos «apostatarán de la fe, escuchando a espíritus de error y a doctrinas de demonios» (2.ª Tim. 4:1). ¡Estas son las doctrinas falsas de los paganos! Para el tiempo en que Judas escribió el libro que lleva su nombre, le fue necesario amonestar al pueblo a que «luchen tenazmente por la fe que ha sido una vez dada a los

16

santos», porque algunos hombres se habían metido disimuladamente y estaban tratando de cambiar la verdad que había sido dada por Cristo y los apóstoles, por falsedades (Jud. 1:3-4).

El cristianismo se encontró frente a frente con el paganismo de Babilonia establecido en diversas formas en el Imperio romano. Aquellos cristianos rehusaron tener algo que ver con esas costumbres y creencias. Como resultado de esto, sufrieron muchas persecuciones. Demasiados cristianos fueron acusados falsamente, arrojados a los leones, quemados en estacas y torturados en muchas otras formas. Pero después comenzaron grandes cambios a sucederse. El emperador de Roma profesó haberse convertido. Se dieron órdenes imperiales por toda Roma para que las persecuciones cesaran. Se dieron grandes honores a los obispos. La Iglesia comenzó a recibir aceptación y poder. ¡Pero se tenía que pagar un alto precio por todo esto!

Se hicieron muchas concesiones al paganismo. En vez de que se separara la «Iglesia» del mundo, ésta se hizo parte de él. El emperador, mostrando favoritismo, demandó un sitio de preeminencia en la iglesia, puesto que en el paganismo los emperadores eran considerados como dioses. De ahí en adelante, comenzaron a surgir mezclas de paganismo con cristianidad, como lo saben todos los historiadores.

Tan alarmante como pueda parecer, el mismo paganismo que se originó en Babilonia y se había ya esparcido por las naciones, fue simplemente mezclado con el cristianismo —especialmente en Roma—. Esta mezcla produjo lo que hoy en día se conoce como la *Iglesia Católica Romana*, como han de probar las páginas siguientes.

No es nuestra intención tratar de ridiculizar a nadie con cuyas creencias no estamos de acuerdo. Al contrario, es nuestro deseo sincero que este libro sea un llamado a toda persona que tiene una fe genuina —no importa su afiliación religiosa— para que abandonen las doctrinas babilónicas y sus conceptos, ¡y regresen a la Biblia y a la fe que *una vez* fue dada a los santos!

2

CULTO A LA MADRE E HIJO

Uno de los ejemplos más sobresalientes de cómo el paganismo babilónico ha continuado hasta nuestros días, puede verse en la forma en que la Iglesia Romana inventó el culto a María, para reemplazar el antiguo culto a la diosa-madre de Babilonia. Como dijimos en el capítulo anterior, después de la muerte de Nimrod, su adúltera esposa dio a luz a un hijo del que afirmó había sido concebido sobrenaturalmente. Proclamó que éste era un dios-hijo; que era Nimrod mismo, su líder, que había renacido y que tanto ella como su hijo eran divinos.[1] Esta historia era ampliamente conocida en la antigua Babilonia y se desarrolló en un culto bien establecido, el culto de la madre y el hijo. Numerosos monumentos de Babilonia muestran la diosa madre Semiramis con su hijo Tammuz en sus brazos.[2] (Véase ilustración.)

1. Two Babylons (Dos Babilonias), p. 21.
2. Enciclopedia de religiones. Vol. 2., p. 398.

Ahora, cuando el pueblo de Babilonia fue disperso en las varias áreas de la tierra, llevaron consigo el culto a la divina madre y al dios-hijo. Esto explica por qué todas las naciones en tiempos pasados adoraban a la divina madre y a su hijo de una u otra forma, ¡aun siglos antes de que el verdadero Salvador, nuestro Señor Jesucristo naciera en este mundo! En los diversos países donde se extendió este culto, la madre y el hijo eran llamados de diferentes nombres debido a la división de los lenguajes en Babel, pero la historia básica seguía siendo la misma.

Entre los chinos, se llamaba a la diosa madre «Shingmoo» o «Santa Madre», y se representa con un niño en los brazos y rayos de gloria alrededor de su cabeza.[1] Los germanos veneraban a la virgen «Hertha» con un niño en los brazos. Los escandinavos la llaman «Disa» y también la representan con el niño en los brazos. Los etruscos la llamaban «Nutria»; en India, la «Indraní», que también era representada con un niño en los brazos (véase ilustración), y también, entre los druidas, adoraban a la «Virgo Paritura» como a la «Madre de Dios».[2]

La madre babilónica era conocida como «Afrodita» o «Ceres», por los griegos; Nana, por los sumerios, y como «Venus» o «Fortuna» por sus devotos en los viejos días de Roma; su hijo era conocido como «Júpiter».[3] La ilustración muestra a la madre y al hijo como Devaki y Crishna (Krishna).

---

1. Las religiones paganas (The Heathen Religion), p. núm. 60.
2. Mitos bíblicos (Bible Myths), p. 334.
3. Dos Babilonias, p. 20.

Por algún tiempo, Isi, la «gran diosa» y su hijo Iswara, han sido venerados en la India, donde se han erigido grandes templos para su culto.[4] En Asia la madre era conocida como «Cibeles», y su hijo como «Deoius». «Pero no tomando en cuenta su nombre o lugar —dice un escritor—. Era la esposa de Baal, la reina-virgen del cielo quien dio fruto sin haber concebido.»[5]

Cuando los hijos de Israel cayeron en apostasía, ellos también se descarriaron con este culto de la

diosa-madre. Como podemos leer en el libro de Jueces 2:13, «Y dejaron a Jehová y adoraron a Baal y a Astaroth». Astaroth era el nombre bajo el cual la diosa era conocida por los hijos de Israel. Da vergüenza el pensar que aun aquellos que conocían al Dios verdadero, se alejaban de El y adoraban a la madre pagana. Pero eso es exactamente lo que hicieron.[1] Uno de los títulos bajo el cual era la diosa

4. Ibid., p. 20.
5. Extrañas sectas y cultos curiosos, p. 12.
1. Jueces 10:6, 1.º Sam. 7:3-4; 12:10; 1.º Reyes 11:5; 2.º Reyes 23:13.

conocida por los israelitas, era el de «Reina del Cielo», como leemos en Jeremías 44:17-19. El profeta Jeremías los reprendió por venerarla, ¡pero ellos se rebelaron a pesar de su advertencia, y fue así como trajeron sobre sí mismos una plena destrucción por la mano de Dios!

En Efeso, la gran madre era conocida como «Diana»; ¡el templo dedicado a ella en esa ciudad era una de las Siete Maravillas del Viejo Mundo! Y no solamente en Efeso, sino también a través de Asia y del mundo entero era venerada la divina madre (Hch. 19:27).

En Egipto, la madre babilónica era conocida como Isis, y su hijo como Horus. Nada es más común, en los monumentos religiosos de Egipto, que el infante Horus sentado en el regazo de su madre (véase ilustración).

El culto a la madre y al hijo era conocido también en Inglaterra en tiempos pasados, pues en 1747 se encontró un monumento religioso en Oxford, de origen pagano el cual exhibe a una mujer alimentando a un infante. «Así vemos —dice un historiador—, que la virgen y el hijo eran venerados en tiempos anteriores desde China hasta Bretaña... y aún en México la madre y el hijo eran venerados.»[2]

Este culto falso se esparció desde Babilonia a varias naciones, con diferentes nombres y formas; finalmente, se estableció en Roma y a través del Imperio romano. Dice un notable escritor de esta épo-

2. **Mitos bíblicos**, p. 334.

ca: «El culto a la grandiosa madre... era muy popular en el Imperio romano. Existen inscripciones que prueban que los dos [madre e hijo] recibían honores divinos, no solamente en Italia —especialmente en Roma— sino también en las provincias, particularmente en Africa, España, Portugal, Francia, Alemania y Bulgaria».[1]

Fue durante este período de culto prominente a la madre divina, que el Salvador, nuestro Señor Jesucristo, fundó la verdadera Iglesia del Nuevo Testamento; ¡y qué gloriosa era la Iglesia en esos días!

Pero la que una vez fue conocida como la «Iglesia», abandonó su fe original en el tercer y cuarto siglos y cayó en la gran apostasía que los apóstoles habían anunciado. Cuando vino esta «apostasía» se mezcló mucho paganismo en medio de la cristiandad. Se aceptaban en la Iglesia a paganos no convertidos y en numerosos casos se les permitía continuar muchos de sus ritos y costumbres paganos sin restricción alguna; en ocasiones se hacían algunos cambios con el fin de que estas creencias paganas parecieran similares a una doctrina cristiana.

Uno de los mejores ejemplos de esta clase de paganismo lo podemos tener en la forma en que la iglesia profesante permitía a los paganos el continuar el culto a la diosa madre ¡solamente con una poca diferencia y con otro nombre! Habían muchos paganos que se sentían atraídos al cristianismo, pero era tan fuerte en sus mentes la adoración a la diosa madre, que no la querían abandonar. Entonces los líderes de la Iglesia buscaron una similitud en la cristiandad con el culto de los idólatras paganos para poder atraerlos en gran número y así añadirlos a ella. ¿Pero a quién podrían usar para reemplazar a la diosa madre del paganismo? Pues claro que a María, la madre de Jesús; era la persona más lógica que podían escoger. ¿Por qué, entonces, no permitir

1. The Golden Bough. Vol. 1, p. 356.

que los paganos continuaran sus oraciones y devociones a su diosa, llamándola con el nombre de María, en lugar de los nombres anteriores con los cuales ellos la conocían? Esto le daba al culto idólatra de los paganos la «apariencia» de cristianismo y de esta forma, ambos bandos podían estar satisfechos e incorporarse así a la Iglesia romana.

Y es esto exactamente lo que sucedió. Poco a poco, el culto y doctrinas que habían sido asociados con la madre pagana, vinieron a ser aplicados a María. Así, el culto pagano de la «madre» continuó dispersándose dentro de la Iglesia profesante.

Es obvio que este culto a María no era sólo la veneración que se merece la más bendita entre las mujeres, la madre humana del divino Salvador, sino que, al contrario, no era más que una continuación del viejo culto pagano a la madre. Porque a pesar de que María, la madre de Jesús, era una buena mujer, dedicada y temerosa de Dios, y fue escogida especialmente para engendrar el cuerpo de nuestro Salvador, no fue *nunca* considerada como una persona *divina* o como diosa por la verdadera Iglesia primitiva. Ninguno de los apóstoles, ni Jesús mismo, dieron alguna vez a entender que se debería venerar a María. Como lo indica la «Enciclopedia Británica», durante los primeros siglos de la Iglesia no fue puesto ningún énfasis en María.[1] No fue sino hasta la época de Constantino, la primera parte del siglo IV, cuando alguien empezó a ver a María como a una diosa. Pero aun durante ese período, tal idolatría era denunciada por la Iglesia, lo cual es evidente en las palabras de Epifanio, quien denunció a ciertas mujeres de Tiro, Arabia y otros sitios por rendir culto a María como a una diosa verdadera y hacerle ofrendas en su capilla. Pero unos años más tarde, el culto a María no solamente era permitido por lo

1. Vol. 14, p. 309.

que es actualmente conocida como la Iglesia Católica, sino que vino a ser una de sus doctrinas principales y lo continúa siendo hasta hoy día.

Como Roma había sido por mucho tiempo el centro del culto a la diosa del paganismo, no debemos extrañarnos de que éste fuera uno de los primeros sitios donde el culto a María se estableció dentro de la «iglesia». Este es un hecho que revela abiertamente que el culto a María fue el resultado directo de la influencia pagana.

Otra ciudad en donde el culto idólatra-pagano a la madre era popular fue Efeso, y ahí también se hicieron intentos por mezclarlo con la cristiandad. En Efeso, desde tiempos primitivos, la diosa - madre era llamada Diana (Hch. 19). En dicha ciudad los paganos la veneraban como la diosa de la virginidad y la maternidad.[3] Se decía que ella representaba los poderes generadores de la naturaleza, por lo cual se la representaba con muchos senos. Una torre de Babel adornaba su cabeza.

Cuando se tienen creencias durante siglos, por lo general no

2. Enciclopedia bíblica Fausset, p. 484.

es fácil abandonarlas. De modo que cuando llegó la apostasía, líderes de la iglesia de Efeso razonaron que si permitían a los paganos continuar su adoración a la diosa-madre, los podrían atraer a la «iglesia». Así, entonces, en Efeso se incorporó el culto a la diosa pagana y se mezcló con el cristianismo. Se sustituyó el nombre de Diana por el de María y los paganos continuaron orando a la diosa-madre. Conservaron sus ídolos con la imagen de ella y la iglesia profesante permitió que los adorasen junto con Cristo. Pero no es mezclando de esta forma el cristianismo con el paganismo el camino de Dios para ganar convertidos.

Cuando Pablo llegó a Efeso todavía no se había infiltrado el paganismo. La gente era verdaderamente convertida y en esos días al convertirse al cristianismo destruían las imágenes de la diosa-madre (Hch. 19:24-27). ¡Cuán trágico fue que esta iglesia aceptara y aún adoptara la idolatría abominable de la diosa-madre disfrazándola bajo el hábito de la cristiandad! Finalmente, cuando el culto a María se hizo una doctrina oficial de la Iglesia Católica, en el año 431 d. de C., fue precisamente en el Concilio de Efeso, la ciudad de la diogana pagana Diana. Es obvia la influencia pagana que indujo al Concilio a tomar esta decisión.

Otro sitio del culto idólatra a la diosa-madre fue Alejandría (Egipto). Aquí era conocida bajo el nombre de Isis. Cuando el cristianismo se propagó hasta Alejandría, se hicieron convenios similares a los que se habían adoptado en Roma y Efeso. El culto idólatra-pagano a la madre fue cuidadosamente inyectado a la «cristiandad» por los teólogos de la iglesia en dicha ciudad. Ahora, el simple hecho de que haya sido en ciudades como Alejandría, Efeso y Roma donde la idolatría pagana se mezcló primeramente con la cristiandad, muestra de manera definitiva la continuación directa del antiguo paganismo.

Esto prueba más aún que el culto a María no es más que el antiguo culto popular a la diosa-madre pagana y se puede confirmar notando los títulos que se le confirieron a María así como la forma ritual de sus cultos.

Por ejemplo, María es frecuentemente llamada «la Madonna». ¡Este título no tiene absolutamente nada que ver con María, la madre de Jesús! En cambio, esta expresión es la traducción de uno de los títulos por los cuales la diosa babilónica era conocida, y Nimrod vino a ser conocido como Baal. El título de su esposa, la divinidad femenina, sería el equivalente a *Baalti*. En castellano esta palabra equivale a «mi Señora»; en latín, *Mea Domina*, y en italiano, en una forma bien conocida, es *Madonna*.[1]

Entre los fenicios, la madre-diosa era conocida como «Nuestra Señora de los Mares»,[2] y aún este título se aplica a María a pesar de que no hay absolutamente ninguna conexión entre María y el mar en los evangelios.

Las Escrituras claramente indican que sólo hay *un* mediador entre Dios y los hombres, Jesucristo hombre (1.ª Tim. 2:5). A pesar de esto, el catolicismo romano enseña que María también es «mediadora», y es por esto que las oraciones a ella forman una parte muy importante en el culto católico. ¿Pero cómo fue que María vino a ser conocida como «mediadora»? Nuevamente tenemos la influencia del paganismo, pues la madre-diosa de Babilonia tenía nombres como «Mylitta», que significa «la mediadora». Y así esto también pasó a la iglesia apóstata, ¡la cual hasta hoy en día habla de María como mediadora!

---

1. Dos Babilonias, p. 20.
2. Diccionario bíblico Harper, p. 47.

Otro título que proviene del paganismo y fue aplicado a María es el de «Reina del Cielo». En ningún lugar del Nuevo Testamento se dice que María la madre de Jesús sea o tuviera que ser nombrada reina del cielo; pero este título lo poseía la diosa-madre pagana que era adorada siglos antes de que María siquiera hubiera nacido. Sí, hacía mucho tiempo, en los días de Jeremías, que el pueblo adoraba a la «reina del cielo» y practicaba ritos que eran sagrados para ella. Como podemos leer en Jeremías 7:18-20, «Los hijos recogen la leña y los padres encienden el fuego y las mujeres amasan la masa para hacer tortas a la "reina del cielo"». Y en este contexto, es interesante notar que actualmente las mujeres de Paphos (Cipre), hacen ofrendas a la virgen María, como reina del cielo, en las ruinas del antiguo templo de Astarté.[1]

Como hemos visto, el nombre de la diosa-madre en Egipto era Isis y su hijo Horus (Osiris). Pues bien, uno de los títulos por los cuales Isis era conocida también, era el de «Madre de Dios». Más tarde este título fue aplicado a María por los teólogos de Alejandría.[2] Nuevamente este era un intento obvio para hacer aparentar a la cristiandad semejante al viejo paganismo con la adoración a su diosa. Bien sabemos que María era la madre de Jesús, pero solamente en el sentido de su naturaleza humana. El título católico y el significado original de éste trascendieron y pusieron a la sencilla y humilde madre del Señor en una posición exaltada ajena al Nuevo Testamento. Y en la misma forma se sigue instruyendo a los católicos actualmente.

El culto a Isis no fue limitado a Egipto. Se introdujo en Roma en el año 80 a. de C. cuando Sulla

---

1. El paganismo en nuestra cristiandad (The Paganism in our Christianity), p. 133.
2. El paganismo en nuestra cristiandad, p. 130.

fundó un colegio isiaco allí. Y para mostrar hasta qué punto estaba mezclado el paganismo con la «cristiandad» romana, necesitamos solamente mencionar el hecho de que Isis era adorada en un templo «que estaba situado en las colinas vaticanas, donde hoy está localizada la Basílica de san Pedro, el centro de la Iglesia que adora a la «madre de Dios» en aquella forma.[2]

Aquí encontramos que los títulos «reina del cielo», «nuestra señora de los mares», «mediadora», «madonna», «madre de Dios» y otros más —que antes se atribuían a la diosa-madre pagana— fueron poco a poco aplicados a María. Tales títulos indican claramente que el supuesto culto a María de hoy es en realidad una continuación del culto a la diosa pagana. Pero existen todavía más pruebas que se pueden observar en la forma en que se representa a María en el «arte» de la Iglesia apóstata.

Tan bien fijada en la mente pagana estaba la imagen de la diosa-madre con el niño en los brazos, que cuando los días de la apostasía llegaron, «la antigua estampa de Isis y de Horus fue finalmente aceptada, no solamente entre la opinión popular, sino por sanción episcopal, como el retrato de la virgen y su hijo».[1] Se adjuntaron representaciones de Isis y su hijo en un marco de flores. Esta práctica también fue aplicada a María, quien casi siempre es mostrada en la misma forma, como bien lo saben los estudiantes del arte medieval.

La diosa egipcia Isis era frecuentemente representada como parada en la «Luna creciente» con «doce» estrellas alrededor de su cabeza.[2] Incluso esto fue adoptado para María, pues en casi todas las

---

1. El hombre y sus dioses (Man and his Gods), p. 216.
2. Egipto de Kenrick. Vol. 1, p. 245; Isis Descubierta, pág. 49.

iglesias católicas romanas del continente europeo, se pueden ver cuadros de María en la misma forma. La ilustración que se acompaña (impresa tal como está en el Catecismo Oficial de Baltimore, EE.UU.), ¡muestra a María con las doce estrellas alrededor de su cabeza y la Luna creciente bajo sus pies!

Para satisfacer las mentes supersticiosas de los gentiles, líderes de la Iglesia apóstata trataron de hacer a María similar a la diosa del paganismo y exaltarla a una superficie divina, para competir con la madre-pagana. Y de igual manera se hicieron estatuas de María —a pesar de que las Sagradas Escrituras prohíben tal práctica—. En algunos casos, las *mismas* estatuas que habían sido veneradas como Isis (con su hijo), fueron simplemente cambiadas de nombre y se dieron a conocer como María y su hijo Cristo, de modo que continuara el antiguo culto. «Cuando el cristianismo triunfó —dice un autor—, estas pinturas y figuras se convirtieron en la *Madonna* y su hijo, sin interrupción alguna: ningún arqueólogo podría actualmente asegurar si alguno de esos objetos representa a la una o a la otra.»[1]

Todo esto demuestra a qué grado se han rebajado los líderes apóstatas para tratar de unir el paganismo con el cristianismo. La mayoría de esas figuras con distintos nombres han sido adornadas con joyas en la misma forma en que lo están las imágenes de las vírgenes hindú y egipcia.

María, la madre de Jesús, no era rica; al contrario, era pobre. Entonces, ¿de dónde vinieron las joyas y coronas que se ven en las supuestas estatuas de ella? Obviamente, tales representaciones no son cristianas; son de origen anterior al cristianismo.

Y así, por compromisos unos muy evidentes y otros más disimulados, el culto a la antigua madre de los paganos fue continuado dentro de la «Iglesia» de la apostasía con el nombre de María, a quien se sustituyó en lugar de la otra. ¡Y este cambio ha venido engañando al mundo entero!

---

1. El paganismo en nuestra cristiandad, p. 129.

31

3

CULTO A MARIA

Tal vez la prueba más significativa de que el culto a María no es otra cosa que la continuación del culto pagano a las diosas de diversos nombres y no a la bendita madre del Señor (siempre bien amada pero no adorada por los verdaderos cristianos), es que en la religión pagana la madre era adorada tanto como su hijo o más. Aquí hay una clave muy importante para ayudarnos a resolver el misterio contemporáneo de Babilonia. El verdadero cristianismo enseña que el Señor Jesús, y solamente El, es el Camino, la Verdad y la Vida, que solamente El entre todas las criaturas de la tierra, ha podido vivir una vida sin mancha de pecado; y El es quien debe ser exaltado. *Nunca su madre.* Pero el catolicismo romano, demostrando la influencia del paganismo en su desarrollo, exalta a la madre también y en muchas formas, la madre es más honrada que el mismo Hijo.

Bien sabemos que muchos han de tratar de negar que la Iglesia Católica atribuye una posición divina a María. Pero al viajar alrededor del mundo, ya sea en una majestuosa catedral o en una capilla provinciana, la estatua de María ocupa el puesto primordial. Al recitar las oraciones del Rosario y del «Ave María», se repiten éstas nueve veces más que el «Padrenuestro». Se acepte o no, el nombre de María es más importante en el catolicismo. En forma similar a la Babilonia del pasado, la diosa-madre es glorificada hoy en día en la Babilonia del presente; solamente que se usa el nombre de María en vez de otros nombres bajo los cuales era conocida la diosa. Al católico se le enseña que la razón por la cual se debe orar a María, es porque ella lleva las peticiones de sus adoradores a su hijo Jesús, y como es su madre, El contesta la oración para complacerla. Con esto se deduce que María tiene más compasión, más comprensión y más bondad que su Hijo, el Señor Jesús. Ciertamente, tal suposición es una blasfemia y va completamente en contra de las enseñanzas de las Escrituras. Sin embargo, esta idea es frecuentemente repetida en los escritos católicos.

Un notable escritor católico romano, Alfonso Ligorio, escribió que las oraciones son más efectivas cuando se dedican a María, en vez de a Cristo. Y el hecho de que sus escritos lleven el sello de aprobación de la Iglesia Católica, es evidente, ya que fue canonizado como «santo» por el papa Gregorio XIV en 1839 y fue declarado «Doctor» de la Iglesia Católica por el papa Pío IX.

En una parte de sus escritos, Ligorio describe una escena imaginaria en la cual un pecador ve dos escaleras colgando del cielo. María está a la cabeza de una y Jesús en la otra. Cuando el pecador trata de subir por la de Jesús, ve la cara furiosa de El y cae derrotado. ¡Pero cuando sube la escalera de María, lo hace rápida y fácilmente, y es bienvenido por ella, quien lo introduce en el cielo y lo presenta a Cristo! Entonces todo va bien. Esta descripción es para demostrar cuánto más fácil y efectivo es el ir a Cristo a través de María.[1]

---

1. Catolicismo romano, p. 147.

Este mismo escritor católico dijo que el pecador que se aventura a ir directamente a Cristo, puede encontrarse con la presencia de su ira. Pero si va a orar a la «virgen», ella sólo tendrá que mostrar a Jesucristo «los senos que le dieron de mamar», y su furia se calmará inmediatamente.[1] Ciertamente tal idea va contra las Escrituras. El caso es que las Escrituras nos dan una ilustración que niega rotundamente esta aseveración: «Bienaventurado el vientre que te trajo y los pechos que mamaste», dijo una mujer a Jesús; pero El le contestó diciendo: «Antes bienaventurados los que oyen la palabra de Dios y la guardan» (Lc. 11:27-28).

Obviamente, la idea de que Jesús era persuadido a contestar una oración porque María le mostrase los pechos que mamó, es contraria a las Escrituras. Pero tal idea de los pechos no era extraña en los cultos de la diosa-madre pagana. Se han descubierto imágenes que muestran frecuentemente sus pechos desproporcionados con su cuerpo, de una manera extraña. O, como en el caso de Diana, ¡para demostrar su «fertilidad», se le ilustra con unos cien senos!

El catolicismo ha intentado aún más exaltar a María a una posición netamente divina con la nueva doctrina de la «Inmaculada Concepción». Tal enseñanza no es otra cosa que un esfuerzo más para hacer a María semejante a la diosa del paganismo, pues en los viejos mitos, ¡la diosa también se creía que había nacido de concepción sobrenatural! Estas viejas fábulas variaban, pero todas hablaban de incidentes sobrenaturales en conexión con su entrada al mundo. Enseñaban que era superior a todo mortal ordinario, que era divina. Y así, poco a poco, era necesario enseñar que María también entró a este mundo de una manera sobrenatural, ¡para hacer que

---

1. Dos Babilonias, p. 158.

las enseñanzas acerca de ella concertaran con las del paganismo!

El elemento sobrenatural en las enseñanzas de la Iglesia Católica Romana sobre María, es de que ella nació sin pecado original. Pero de este nacimiento no nos dicen nada las Escrituras. Acerca de María, la Biblia dice que fue una mujer virtuosa y temerosa de Dios, favorecida y escogida por El, una virgen, pero tan humana como usted y yo. Y, como humana, era miembro de la raza caída de Adán. Como las Escrituras declaran, «Por cuanto todos pecaron, están destituidos de la gloria de Dios». La única excepción de esto es nuestro Señor Jesucristo. Como todo el mundo, María necesitaba de un Salvador y esto fue plenamente admitido por ella misma, cuando dijo: «Y mi espíritu se alegró en Dios, mi salvador». Obviamente, si María necesitaba de un Salvador, entonces no era salvadora. Si necesitaba de un Salvador, ella necesitaba ser salva, recibir perdón, ser redimida como todos nosotros. En resumen, la divinidad de nuestro Señor no radica en el hecho de que su madre haya sido una persona exaltada o sobrehumana. No; al contrario, es divino porque El es el único Hijo de Dios, concebido por obra y gracia del Espíritu Santo. Su divinidad viene del Padre celestial, no del carácter sobrehumano del instrumento que Dios usó para su entrada en el mundo.

Debemos comprender que fue Jesús quien nació de concepción sobrenatural, no su madre. La idea de que María era superior a otros seres humanos, fue enfáticamente rechazada por el mismo Jesús. Un día, mientras predicaba: «...su madre y sus hermanos estaban fuera. Y le dijo uno: He aquí tu madre y tus hermanos están afuera, quieren hablarte. Y Jesús respondió al que esto le decía: "¿Quién es mi madre y quiénes son mis hermanos?" Y extendiendo su mano hacia sus discípulos, dijo: "He aquí mi madre y mis hermanos. Porque *todo* aquel que hiciere la voluntad de mi Padre que está en los cielos, ese es mi madre, y hermano y hermana"» (Mt. 12:46-50). Claramente podemos ver que si servimos al Señor, si hacemos su voluntad, estamos en la misma categoría espiritual que María. Ciertamente, esta unidad en Cristo nos enseña igualdad a los ojos de Dios y rechaza la idea de que María fuese una persona sobrenatural.

Sin embargo, el romanismo adoptó del paganismo la idea de orar a la divina-madre, de modo que tuvo que enseñar que María era una persona sobrenatural; de lo contrario, ¿cómo podría ella escuchar las oraciones que le dirigen cada día los católicos de todo el mundo, recitando el Avemaría, el rosario, las letanías de la virgen bendita y otras más? Multiplique el número de estas oraciones por el número de católicos que las recitan cada día. ¿Se ha imaginado que María tendría que escuchar 46.296 peticiones por segundo? Y esto es un cálculo conservador. Está claro que nadie más que Dios puede hacer esto. Sin embargo, los católicos creen que María escucha todas estas oraciones y entonces, por necesidad, ¡tienen que exaltarla a una posición divina, sea bíblica o no!

Tratando de justificar tan innecesaria exaltación de María, los líderes católicos han buscado algún fundamento bíblico para sostener esta creencia. Las palabras de Gabriel a María «Bendita tú entre las mujeres» (Lc. 1:28) han sido frecuentemente referidas a este respecto. Seguramente que las palabras de Gabriel indican que María fue favorecida de Dios; pero no la hicieron una persona *divina*, simplemente porque fue «bendita entre las mujeres», pues mil trescientos años antes fue pronunciada una bendición similar a Jael, mujer de Heber Cineo (Jc. 5:24). La Biblia, sencillamente, nos demuestra que María

36

era «bendita entre las mujeres», pero esto no significa que debemos adorarla, orar a ella o hacerla una diosa.

Antes de Pentecostés María estaba reunida con los discípulos esperando la promesa del Espíritu Santo. Leemos que los apóstoles «perseveraban unánimes en la oración, con las mujeres y con María, la madre de Jesús y con sus hermanos» (Hch. 1:14). Ciertamente, las Escrituras no dicen que los discípulos estaban orando a María; la ilustración que acompaña —tal como es vista en los catecismos católicos[1]— intenta dar a María una posición central. Pero como sabe *todo* estudiante bíblico, los discí-

pulos en esa ocasión no estaban mirando a María; estaban buscando que el Cristo resucitado, quien había ascendido al cielo, les enviase el don del Espíritu Santo. Nótese también que en el dibujo, no solamente están los discípulos mirando a María, sino que también el Espíritu Santo (en forma de paloma) se ve volando sobre ella. De acuerdo a las Sagradas

1. Catecismo oficial de Baltimore (Número 2). Lección núm. 11.

Escrituras, la única persona sobre quien el Espíritu Santo descendió en esa forma fue sobre el mismo Jesús, no sobre su madre. Por otra parte, y aunque parezca increíble, la diosa-virgen pagana, bajo el nombre de Juno, era frecuentemente representada con una paloma en su cabeza, como también lo eran Astarté, Cibeles e Isis.[1] Y así, la influencia pagana en tales cuadros, aparece de un modo bien claro.

Otro intento por glorificar a María —exaltarla a un plano que la Escritura no le otorga— puede notarse en una doctrina católica, conocida como la *perpetua virginidad* de María. Esta enseña que María continuó virgen toda su vida. Pero tal doctrina no fue *nunca* enseñada por Cristo o por sus discípulos. Como lo explica la Enciclopedia Británica, la doctrina de la perpetua virginidad de María no fue enseñada sino hasta cerca de trescientos años después del regreso de nuestro Señor al cielo. No fue sino hasta después del Concilio de Calcedonia, en el año 451, que esta infundada suposición fue aprobada oficialmente por Roma.[2]

Al contrario de las enseñanzas católicas, la Biblia muestra claramente que María no continuó como virgen a través de toda su vida. La Biblia enseña que nuestro Señor Jesucristo nació de la virgen María —concebido en virginidad y nacido sobrenaturalmente (Mt. 1:23)—. Enfáticamente creemos en el nacimiento virginal de Jesús. Pero después del nacimiento de El, María dio a luz a otros hijos, los hijos naturales de su unión con José, su esposo.

En Mateo 1:25 leemos que Jesús fue el hijo «primogénito». La Biblia no dice que María haya parido a un solo hijo, sino que nos dice que Jesús fue su primer hijo. El hecho de que Jesús fuera el primogénito, indica que después nacieron de María otros

1. Doane, p. 357.
2. Vol. 14, p. 999.

hijos. Siempre en el lenguaje lógico normal, un primero requiere un segundo.[3] Pero fuera de esta línea de razonamiento, las Escrituras no dejan lugar a dudas del hecho de que María tuvo otros hijos después del nacimiento de Jesús. Sus nombres son anotados en la Biblia, como sigue: «Jacobo, José, Simón y Judas» (Mt. 13:55). Además de estos hermanos, el versículo siguiente menciona a las hermanas de Jesús. Las gentes de Nazareth dijeron: «¿...y no están todas sus hermanas con nosotros?» La palabra «hermanas» está en plural, de modo que sabemos que tuvo por lo menos dos hermanas. Pero si nos fijamos un poco más, veremos que el pasaje indica que Jesús no sólo tenía dos hermanas, sino que por lo menos tenía tres. Notemos que el versículo habla de «todas» sus hermanas. Por regla general, cuando nos referimos solamente a dos personas, decimos «ambas» y no «todas» ellas. Esto, definitivamente, implica que la expresión se refiere a tres o más hermanas. Si entonces añadimos tres hermanas y cuatro hermanos además de Jesús, resulta que María, tuvo ocho hijos.

El Señor Jesús nació de María sobrenaturalmente, por un nacimiento virginal, los otros siete hijos que ella tuvo, nacieron normalmente; fueron engendrados por su esposo José. Pero la actitud católica es que José conservó a María como virgen por el resto de su vida. Sin embargo, ella fue virgen según las Escrituras «solamente» hasta después del nacimiento de Jesús. José no la conoció hasta que parió a su hijo primogénito y lo llamó Jesús. José no conoció a María hasta después del nacimiento de Jesús. Pero más tarde, José y María tuvieron unión matrimonial y dieron a luz a varios hijos tal como lo enseñan las Escrituras. Estudiando lo que la Bi-

_____

3. La palabra *prototokos*, que usa el evangelio, significa claramente primer nacido.

blia enseña, nos damos cuenta de que la doctrina de la perpetua virginidad de María es completamente falsa.

Durante los días de la apostasía —para hacer más clara la identificación de María con la madre-diosa que las naciones venían adorando hacía cientos de años—, algunos exagerados admiradores de María comenzaron a enseñar que el cuerpo de María nunca sufrió corrupción, sino que ascendió a los cielos al igual que Jesucristo y que allí sentada hoy en día, como la «Reina del cielo» para recibir culto y oraciones. No fue sino hasta este siglo que la doctrina de la ascensión de María se proclamó oficialmente como una doctrina de la Iglesia Católica Romana. Fue tan sólo en el año 1950 que el papa Pío XII declaró que el cuerpo de María no sufrió corrupción, sino que fue llevado al cielo. Obviamente, dicha doctrina de la ascensión de la virgen, no es parte de la doctrina del Nuevo Testamento.

He aquí las palabras de uno de sus admiradores. san Bernardo, que favorecen la posición católica en este aspecto «En el tercer día, después de la muerte de María, cuando los apóstoles se juntaron alrededor de su tumba, la encontraron vacía. El cuerpo sagrado había sido llevado al paraíso celestial. La tumba no tuvo poder sobre alguien inmaculado. Pero no fue sificiente que María haya sido recibida en el cielo; ella no era cualquier ciudadano ordinario; tenía aún mayor dignidad que el más alto de los arcángeles. María había de ser coronada reina del cielo por el Padre Eterno; ella había de tener un trono a la mano derecha de su hijo. Ahora, día tras día, hora tras hora, ella está orando por nosotros, obteniendo gracia para nosotros, preservándonos del peligro, protegiéndonos de la tentación, llenándonos de sus bendiciones».

40

Bien puede decirse que el culto a María en su plenitud, está basado en esta creencia de que ella ascendió a los cielos. Pero la Biblia no dice nada en absoluto de tal «ascensión de María». Al respecto, Juan 3:13 dice: «Y nadie subió al cielo, sino el que descendió del cielo, el Hijo del Hombre, que está en el cielo, nuestro Señor Jesucristo». El es quien está sentado a la diestra de Dios Padre. El es quien es nuestro Mediador. El es quien nos llena de bendiciones, ¡no su madre!

La Biblia no dice nada de orar a una mujer, sea María o cualquier otra. Este culto falso es repetidamente prohibido en la Biblia. Las verdaderas oraciones deben ser dirigidas a nuestro Señor mismo. «Porque hay *un Dios* asimismo *un* mediador entre Dios y los hombres, Jesucristo hombre» (1.ª Tim. 2: 5). La simple idea de «orar a María» como mediadora y como «reina del cielo», no es más que un paganismo disfrazado con el nombre de María.

Junto con las oraciones a «María» está el rosario, el cual, como hemos de ver, es igualmente de origen pagano. Como un instrumento, el rosario es una ca-

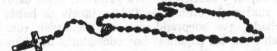

dena con quince series de pequeñas bolitas; cada serie está marcada por una bola más grande. Los bordes de la cadena se juntan con una medalla con la efigie de María. De esta medalla cuelga una cadena corta al final con una cruz.

Los objetos en el rosario son para contar oraciones, las cuales son repetidas una tras otra. Tal instrumento —muy bien conocido— forma parte importante del culto católico. Pero como tantas otras cosas en la Iglesia Católica, el rosario no es un instrumento cristiano sino una invencióon pagana. Mucho antes de que existiera una Iglesia Católica, el rosario era ya usado comúnmente en casi toda nación pagana.

Se encontró un medallón en Citium (Chipre) que había sido colonizado por los fenicios, el cual tiene un círculo de cuentas que se semejan al rosario. Este rosario fue usado en el culto a Astarté, la diosa-madre, cerca de ochocientos años antes de Cristo. Este mismo «rosario» se puede ver en muchas de las monedas encontradas que se usaban en Fenicia.

Los bramas han usado desde hace mucho tiempo rosarios con cientos de canicas. Los adoradores de Vishnu dan a sus hijos rosarios de 108 canicas. Un rosario similar es usado por millones de budistas en la India y en el Tíbet.[1] Los musulmanes constantemente oran por los noventa y nueve nombres de Alá con su rosario *Tasbih* de 99 canicas.[2] Los adoradores a Siva tienen un rosario con el cual repiten, si es posible, todos los mil ocho nombres de su dios.[3]

Cuando los misioneros católicos visitaron la India, Japón y México por vez primera, sitios éstos en los cuales el nombre de Cristo jamás se había escuchado, ¡se sorprendieron al encontrar rosarios usados por los paganos! Los adoradores del demonio en el Tíbet y China usan rosarios para sus rituales. Los rosarios son frecuentemente nombrados en los libros sagrados de los hindúes.[4] El rosario era usado en la Grecia asiática y tal es el objeto con canicas visto en las estatuas de la diosa Diana.[5] Escritos de

1. La cruz en tradición, historia y arte, p. 21.
2. Enciclopedia de religiones, Vol. 3, p. 203.
3. Ibid., p. 203.
4. Doane, p. 344.
5. Las dos Babilonias, p. 187.

dos y tres siglos antes de Cristo mencionan el uso del rosario dentro de varias religiones paganas. Y no solamente estaba el rosario en evidencia en todos estos países y dentro de todas estas religiones que hemos mencionado, sino que también era usado en los días del paganismo en Roma, en donde las mujeres se adornaban el cuello no solamente por razones ornamentarias, sino como *recordatorio* de oración en sus religiones paganas. La palabra «collar», *Monile*, significa «recordatorio»,[3] es decir, medio para recordar.

Nadie puede negar el hecho de que el instrumento del rosario era usado en la época precristiana y por religiones no cristianas. Incluso la misma Enciclopedia Católica, dice: «En casi todos los países nos encontramos con algo similar al rosario para contar las oraciones».

De todas maneras, ni Cristo ni los apóstoles enseñaron nunca a orar empleando algún instrumento u objeto para contar las oraciones. El memorizar oraciones y luego repetirlas una y otra vez mientras que contamos las canicas, realmente se convierte en un ejercicio de memoria en vez de una expresión espontánea del corazón. Considerando que su uso no tiene base bíblica y que su origen proviene de tribus aborígenes paganas, el rosario no es más que otro ejemplo de cómo el paganismo fue mezclado con la religión católica.

La oración más frecuentemente repetida y la principal del rosario, es el «Avemaría», que se dice de la siguiente forma: «Dios te salve, María; llena eres de gracia, el Señor es contigo; bendita tú eres entre todas las mujeres, y bendito es el fruto de tu vientre, Jesús. Santa María, Madre de Dios, ruega por nosotros, pecadores, ahora y en la hora de nuestra muerte. Amén».

---

3. Ibid., p. 188.

Recitar el rosario completo ocupa quince minutos. equiere la repetición del Avemaría 53 veces, del Padrenuestro 6 veces, 5 misterios, 5 meditaciones de los misterios, 5 glorias y una repetición del llamado «Credo de los Apóstoles». Bien, notemos en dónde está puesto el énfasis. ¿Cuál es la que se repite más frecuentemente? La oración a María. El caso es que el Avemaría es repetido *nueve* veces más que el Padrenuestro. Pero, preguntamos, ¿es más importante o efectiva una oración compuesta por hombres* y dirigida a María nueve veces, que una oración enseñada por Jesús y dirigida a Dios mismo? Tal énfasis en la «madre» indica claramente la mezcla del paganismo en el sistema de Roma.

El repetir una oración una y otra vez es indicado en la Biblia como una práctica del paganismo. Por ejemplo, oraciones repetidas se ofrecían a Diana en conexión con su culto en Efeso. Estas oraciones consistían de una corta frase religiosa, repetida una y otra vez; tal como podemos ver en Hechos 19:34. En este pasaje, los idólatras de la diosa-madre «...todos gritaron casi por dos horas: grande es Diana de los efesios». Todos gritaban esto una y otra vez, y al igual que estos adoradores de Diana, usaban frases repetidas en su culto, asimismo hoy día, la misma clase de oración no bíblica continúa en la Iglesia Católica aplicada a María. Pero Jesucristo se oponía radicalmente a la práctica de repetir oraciones una y otra vez y así lo expresó: «Y cuando ores —dijo—, no uses vanas repeticiones como lo hacen los gentiles, porque ellos se imaginan que han de ser oídos

---

* La alegación católica romana de que son las palabras con que el ángel saludó a María, sólo es en parte cierta, pues sólo dos palabras son de labios angélicos y todas las demás que cambian bastante el texto y el sentido del mensaje del ángel Gabriel a María fueron añadidas por los inventores del rosario romano. — *Nota Ed.*

por su uso de muchas palabras. No os hagáis, pues, semejantes a ellos, porque vuestro Padre sabe de qué cosas tenéis necesidad antes que vosotros pidáis» (Mt. 6:7-13). En este pasaje nuestro Señor, en términos claros, nos pide *no orar* repitiendo la misma oración una y otra vez. Jesús declaró enfáticamente que esto era ritualista. Debemos creerle y obedecerle a El.

De todas las oraciones del rosario, la única que es tomada directamente de la Biblia, es el «Padrenuestro». Pero aun esta oración no debe repetirse una y otra vez, pues es a continuación de habernos dicho El que no usáramos repeticiones y muchas palabras como lo hacen los paganos, que dice en el siguiente versículo: «De esta manera debéis orar: Padre nuestro, que estás en los cielos...». Y les dio a los apóstoles esta oración breve como ejemplo. En el mismo párrafo en que les indicó no repetir palabras en vano, el Señor Jesús dio esta oración como algo *opuesto* al tipo de oraciones de los paganos; sin embargo, en desobediencia directa a las Escrituras, los católicos son enseñados a repetir esta preciosa oración una y otra vez en lugar de imitarla. Y si el Padrenuestro no debe repetirse, cuánto menos debemos repetir la más breve oración hecha por hombre y dirigida, no a Dios, sino María, la madre humana de Jesús.

4

SANTOS, SANTORAL Y SIMBOLISMOS

Además de las oraciones y devociones ofrecidas a María, los católicos romanos también dan honores y oración a varios «santos». Estos santos, según la Iglesia Católica, son mártires o gentes notables e la «Iglesia» que han muerto y los Papas los han designado como «santos». En este capítulo hemos de ver, sin lugar a dudas, que la idea de orar a los santos no es más que una continuación de viejas devociones que los paganos daban a los dioses y diosas de su religión, desde tiempos atrás. Pero antes de abordar estas evidencias, fijémonos en las Sagradas Escrituras y veremos lo que ellas enseñan acerca de los santos.

De acuerdo con la Biblia, *todo* verdadero cristiano es un santo. No hay ninguna indicación de que una persona pueda ser hecha santa después de su muerte. No es el Papa quien hace a los santos. Es asunto de Dios. En las Escrituras, los santos siempre son gentes vivientes, nunca muertos. Por ejemplo, cuando Pablo escribió a los efesios, se les dirigió de esta forma: «A los santos y fieles en Cristo Jesús que están en Efeso» (Ef. 1:1). Su carta a los Filipenses, dice: «A todos los santos en Cristo Jesús que están en Filipos» (Fil. 1:1). Los antiguos cristianos en la iglesia de Roma fueron llamados santos (Rom. 1:7 y 16:15), como también lo fueron los cristianos que vivían en Corinto (1.ª Cor. 1:24 y 2.ª 1:1).

De modo que si queremos que un «santo» ore por nosotros, debemos encontrar a un cristiano y pedirle que se una en oración con nosotros. Pero si tratamos de comunicarnos con personas que han muerto, ¿qué más puede ser sino una forma de espiritismo? La Biblia, repetidas veces, condena todo propósito de comunicarnos con los muertos, pues es un acto satánico (v. Is. 8:19-20). Sin embargo, muchos recitan el «Credo de los Apóstoles» que dice «Creo en la comunión de los santos», y piensan que esto se refiere no sólo a los vivos sino también a los muertos. «Una ayuda mutua, satisfacción, oración y otras buenas obras, una comunicación mutua» (Nueva Enciclopedia Católica, Vol. IV, p. 41).

Pero las Escrituras están contra la idea de que los vivos pueden ser favorecidos o beneficiados por oraciones a los muertos, o a través de ellos. Tal enseñanza es completamente ajena a la Biblia. Entonces, ¿cómo entraron estas cosas a la Iglesia Romana?

De nuevo debemos mirar a la «madre» de las religiones falsas —Babilonia—. Allí, desde épocas pasadas, encontramos que las gentes oraban a muchos dioses y les daban honra. De manera que el sistema babilónico se desarrolló hasta que tuvo casi cinco mil dioses y diosas.[1] En la misma forma en que los católicos creen en los «santos», los babilonios creían que sus dioses y diosas habían sido una vez héroes vivientes en la tierra, y después de muertos habían pasado a un plano más elevado.[2]

«Cada día y cada mes estaban protegidos por una

_____

1. En el principio, p. 65.
2. Enciclopedia de religiones, Vol. 2, p. 78.

divinidad particular.»[3] Algunos de estos dioses y diosas estaban asociados con las temporadas, otros con ciertos eventos de la vida y aun otros con varias ocupaciones de trabajo.

Desde Babilonia —tal como toda otra forma de idolatría de la gran «madre»— se diseminó el culto a estos «dioses» por las naciones. Los budistas de la China, por citar uno de muchos ejemplos, tienen su «culto a varias divinidades, como el de la diosa de los marineros, el dios de la guerra, los dioses de varias vecindades u ocupaciones».[1]

Cuando Roma conquistó el mundo este sistema de dioses y diosas fue infiltrado en la misma forma dentro de la religión pagana de Roma. Brighit, por ejemplo, era diosa de la poesía y los herreros; Juno Regina, era la diosa de la femineidad, el matrimonio y la maternidad; Minerva era la diosa de las escuelas de sabiduría, de los músicos y de los artesanos; Venus era la diosa del amor sexual y el nacimiento; Vesta era la diosa de los panaderos y fuegos sagrados; Hércules era el dios del vino y el gozo; Mercurio era el patrón divino de los mercaderes y oradores y ladrones; Opus era la diosa de la fortuna; Bellona era la diosa de las batallas; los dioses paganos Castor y Pollux eran los protectores de Roma y de los viajeros del mar; Apolo era el dios de la medicina y la salud; Cronos era el dios del tiempo y guardián de los juramentos, y Jano era el dios de las puertas y entradas.[2]

Y así, las ideas babilónicas de los dioses y las diosas, asociados con diferentes días y eventos de la vida, se establecieron en la Roma pagana. Más

3. La Historia del mundo, según historiadores, Vol. 1, pág. 518.

1. Historia de los cultos mundiales, p. 621.

2. Durant, Vol. 3, p. 61-63; Culto del Mundo, p. 179; Vida en el mundo romano, p. 377.

tarde, cuando vino la apostasía, esta misma práctica entró en la «iglesia» de Roma. Como los nuevos creyentes del paganismo se resistían a abandonar la vieja costumbre de orar a diversos «dioses», de no ser que encontraran algo similar en la cristiandad, estos dioses y diosas simplemente recibían un nombre nuevo y se les llama «santos». Exactamente igual como en el culto pagano estos cristianos fieles fallecidos eran asociados con varias ocupaciones, cada cual con su día especial, naturalmente, sin poder consultarles si aceptaban o no el encargo papal. De este modo la antigua creencia pagana continuó y sigue siendo una parte muy importante de la Iglesia Católica. Esto puede verse en la siguiente tabla de santos católicos patronos de diversas ocupaciones y sus días especiales.

Actores	San Genís	25 agosto
Arquitectos	Santo Tomás	21 diciembre
Astrónomos	San Cominico	4 agosto
Atletas	San Sebastián	20 enero
Aviadores	Ntra. Señora de Loreto	10 diciembre
Panaderos	Santa Isabel	19 noviembre
Banqueros	San Mateo	21 septiembre
Barberos	Santos Cosme y Damián	27 septiembre
Limosneros	San Alejandro	17 julio
Libreros	San Juan de Dios	8 marzo
Albañiles	San Esteban	26 diciembre
Constructores	San Vicente Ferrer	5 abril
Carniceros	San Adrián	28 septiembre
Chóferes	San Cristóbal	30 agosto
Comediantes	San Vito	15 junio
Cocineros	Santa Marta	29 julio
Dentistas	San Apolinar	9 febrero
Doctores	San Lucas	18 octubre
Editores	San Juan Bosco	31 enero
Pescadores	San Andrés	30 noviembre
Floristas	Santa Dorotea	6 febrero
Obreros	Santiago el Mayor	25 julio
Cazadores	San Humberto	3 noviembre
Abogados	San Ives	19 mayo
Mercaderes	San Jerónimo	30 septiembre
Mineros	San Francisco de Asís	4 octubre

Músicos	Santa Bárbara	4 diciembre
Notarios	Santa Cecilia	22 noviembre
Enfermeras	San Marcos Evangelista	30 abril
Pintores	Santa Catalina	25 abril
Policías	San Lucas	18 octubre
Carteros	San Miguel	29 septiembre
Científicos	San Gabriel	24 marzo
Cantantes	San Alberto	15 noviembre
Estenógrafos	San Gregorio	12 marzo
Estudiantes	San Genesio	25 agosto
Sastres	Santo Tomás de Aquino	7 mayo
Cobradores de impuestos	San Bonifacio	5 junio
	San Mateo	21 septiembre
Profesores	San Gregorio el Grande	12 mayo

La ilustración adjunta indica cómo los calendarios católicos designan ciertos días para sus «santos» Además de los «santos» que están dedicados a ciertas ocupaciones, los católicos son exhortados a orar a los siguientes «santos» para ayuda respecto a estas enfermedades:

Artritis	Santiago
Mordida de perro	San Humberto
Mordida de víbora	Santa Hilaria
Ceguera	San Rafael

Cáncer	Santa Peregrina
Sordera	San Mauricio
Enfermedades de los senos	Santa Agata
Enfermedades de los ojos	Santa Lucía
Enfermedades de garganta	San Blas
Epilepsia y nervios	San Vito
Enfermedades de los pies	San Víctor
Fiebre	San Jorge
Gota	San Andrés
Vesícula	San Liberio
Dolor de cabeza	San Daniel
Enfermedades del corazón	San Juan de Dios
Locura	Santa Dimpna
Esterilidad	San Giles
Enfermedades de la piel	San Roque

La Iglesia Católica también tiene «santos patronos» para las siguientes situaciones:

Mujeres estériles	San Antonio
Bebedores	San Nicolás
Niños	San Dominico
Animales domésticos	San Antonio Abad
Emigrantes	San Francisco
Problemas familiares	San Eustaquio
Fuego	San Lorenzo
Inundaciones	San Colón
Tempestades y truenos	Santa Bárbara
Amantes	San Rafael
Solteronas	San Andrés
Pobres	San Lorenzo
Mujeres encinta	San Gerardo
Televisión	Santa Clara
Tentación	Santa Ciríaca
Captura de ladrones	San Gervasio
Tener hijos	Santa Felícitas
Obtener esposo	San José
Obtener esposa	Santa Ana
Encontrar objetos	San Antonio Anacoreta

Sin duda alguna, el sistema católico de los santos patronos no es más que una continuación de las antiguas creencias paganas en dioses dedicados a días, ocupaciones y a varias necesidades de la vida.

Como el culto a los santos es en realidad una continuación de estos dioses falsos, ¡el romanismo es hallado culpable del pecado de adorar a «otros dioses» fuera del Dios verdadero!, una práctica que es condenada repetidas veces en las Escrituras.

Este método de sustituir «santos» en cambio de «dioses» paganos, se hizo tan popular, que para el siglo x 25.000 santos habían sido canonizados por la Iglesia Católica Romana. Al mezclar las dos religiones, tanto los paganos como los que profesaban ser cristianos, aumentaron el número de imágenes de la Iglesia Romana.

Pero para hacer menos obvia tan aparente mezcla, siempre que era posible, ¡los líderes del romanismo sustituían un nombre de resonancia cristiana que fuera *similar* al nombre del viejo dios pagano que reemplazaba. Por ejemplo, la diosa Victoria de los Alpes-Bajos ¡fue nombrada como *santa Victoria!* La diosa pagana Osiris fue nombrada *santa Onofria*; Cheron, como san Cesarino; Artemis, como san Artémides; Dionisio, como san Dionisio; Apolo, como san Apolinar, y Marte como san Martín.[1]

La diosa pagana Brighit (considerada como la hija del dios-Sol, la cual era representada con un hijo en sus brazos) fue simplemente nombrada «santa Brígida». En los días del paganismo, su templo principal en Kildare era servido por vírgenes, quienes cuidaban de los fuegos sagrados. Cuando ocurrió la apostasía de la Iglesia con la incorporación del paganismo, el templo se convirtió en un «convento». Sus vírgenes se hicieron «monjas». Y continuaron atendiendo el fuego ritual dedicado a la diosa; sólo que ahora era nombrado el «fuego de santa Brígida».[2]

---

1. El hombre y sus dioses, p. 227; Durant, p. 745; Doane, p. 396.
2. Festivales, santos días y días de santos, p. 26.

El antiguo templo mejor conservado que se halla en Roma, es el Panteón, el que en antiguos tiempos era dedicado (de acuerdo con la inscripción en el portal) a «Jove y todos los dioses». Sin embargo, éste fue consagrado de nuevo por el papa Bonifacio IV «a la madre de Dios y todos los santos». Otro templo pagano en Roma, el cual estaba consagrado anteriormente a la *Bona Dea* (la buena diosa), fue «cristianizado» y dedicado a la virgen María. En un sitio anteriormente consagrado al dios Apolo, ahora existe el templo de san Apolinar, y donde antes había estado el templo de Marte, actualmente se encuentra la iglesia de san Martín.[2]

En un intento más de unir el paganismo a la cristiandad, ¡líderes de la Iglesia apóstata enseñaron que Jesús nació en una cueva! Claro está que no hay autoridad escrita para indicar tal cosa. Al contrario, la cueva que es mostrada en Belén como el lugar de nacimiento de Jesús, es hoy una capilla en la cual el dios babilónico *Tammuz* era adorado. Esto fue mencionado por Jerónimo, notable escritor cristiano del siglo IV.[3]

Y así, a través del Imperio romano, el paganismo murió solamente para renacer en la Iglesia Católica Romana. Templos y capillas fueron cambiados de nombre y su culto continuó —pasando ahora de dioses a santos cristianos—. Al mezclar todo este paganismo con el cristianismo, no solamente continuó la devoción a los viejos ídolos paganos, sino también la costumbre de construir y venerar imágenes. En algunos casos la misma estatua que había sido adorada como un dios pagano, fue nombrada como un santo cristiano ¡y la devoción continuó! Una estatua de Júpiter, por ejemplo, fue un

---

2. Mitos bíblicos, p. 396.
3. Epístola Ad Paulinum.

poco cambiada y se le llamó *Pedro* (como veremos en el capítulo siguiente).

Otros ídolos y estatuas fueron «cristianizados» y la idolatría satánico-pagana siguió ahora disfrazada. A través de los siglos, más y más estatuas han sido adoptadas y veneradas hasta que actualmente hay iglesias en Europa que contienen dos, tres y cuatro mil estatuas.[1] Ya sea en las impresionantes catedrales o en pequeñas capillas o ermitas construidas en las afueras de grandes ciudades antiguas, en los tableros de automóviles o fríamente sonrientes en imágenes colgadas de una cadenita sobre los pechos de prostitutas.

En todos estos sitios se pueden encontrar en abundancia los ídolos del catolicismo. Y el uso de tales ídolos e imágenes identifica claramente a la Iglesia Católica Romana como una continuación del paganismo, no de la Iglesia pura, sin contaminación, de la cual hablan las Sagradas Escrituras.

El uso de los ídolos —no importa el nombre que se les dé— es babilónico; porque como lo menciona Herodoto, Babilonia fue la cuna de la cual *todo* sistema de idolatría se desparramó entre las naciones, a pesar de que Dios repetidamente ha advertido a su pueblo no seguir la práctica de usar ídolos en sus cultos.

La Biblia dice: «No te harás imagen, ni ninguna semejanza de cosa que esté arriba en el cielo, ni abajo en la tierra, ni en las aguas debajo de la tierra» (Ex. 20:4). «No haréis para vosotros ídolos, ni escultura, ni os levantaréis estatua, ni pondréis en vuestra tierra piedra pintada para inclinaros a ella» (Lev. 26:1). «Ni los idólatras heredarán el reino de Dios» (1.ª Cor. 6:9-10). «Hijitos, guardaos de los ídolos» (1.ª Jn. 5:21).

---

1. Enciclopedia de religión y ética, art. «Ídolos e imágenes».

54

Claramente, las Escrituras están *contra* el uso de los ídolos e imágenes en el culto de la iglesia. La iglesia del principio, la verdadera Iglesia, nunca los usó. Pero cuando vino la «apostasía» y se mezclaron el paganismo y la cristiandad, se hizo un uso completo y libre de los viejos ídolos paganos los cuales heredó la «Iglesia». Los líderes apóstatas de la Iglesia sintieron que como alguna de estas estatuas eran tan valiosas —algunas de ellas estaban cubiertas de oro y plata— deberían ser rededicadas y continuar usándolas. ¿Pero qué dice Dios acerca de este razonamiento? «Las esculturas de sus dioses quemarás en el fuego, no codiciarás plata ni oro de sobre ellas para tomarlo para ti, porque no tropieces en ello, pues es abominable a Jehová tu Dios» (Deut. 7:25).

Los israelitas, no sólo debían destruir los ídolos de las naciones gentiles que conquistaban, sino que, además, debían «destruir todas sus pinturas» (Números 33:52). Estas eran las pinturas de las divinidades paganas. De modo que no solamente es condenado por las Escrituras el uso de los ídodos, sino que como las pinturas son veneradas con frecuencia en forma supersticiosa, éstas tampoco tienen virtud alguna como culto verdadero. Es extraño que algunas religiones condenen el uso de las estatuas y, sin embargo, ¡hagan uso pleno de pinturas de las mismas! ¿Pero cuál es la diferencia? La estatua es tridimensional mientras que la pintura es una superficie plana. Pero ninguna fue usada por los apóstoles o la Iglesia del Nuevo Testamento. No fue sino hasta el siglo v

que las pinturas de María,
Cristo y los «santos» o los ico-
nos o imágenes de relieve comenzaron a hacerse y a usarse
como objeto de adoración.

Y así como los paganos ponían un redondel o aureola sobre las cabezas de sus dioses,
de igual manera la Iglesia
apóstata continuó esta práctica, y así puede verse cómo san

Agustín es representado en libros católicos con un disco sobre su cabeza. Todos los «santos» del catolicismo se representan igual. Para ver que esta práctica fue tomada del paganismo debemos notar el dibujo de Buda, el cual tiene,
también, el símbolo del redondel alrededor de su cabeza. En
realidad, esta práctica es babilónica. Los artistas y
escultores de la vieja Babilonia ponían el disco o
aureola alrededor de cualquier personaje que querían representar como a un dios o diosa.[1] Esta costumbre continuó dentro de las religiones paganas
hasta los días del Imperio romano. La ilustración
demuestra la forma en que los romanos ilustraban
a Circe, la diosa pagana hija del Sol, con un redondel
sobre su cabeza. De su uso pagano en Roma, el
mismo símbolo pasó a la Roma papal y ha continuado hasta hoy en día, como es evidente por las

___

1. **Símbolos antiguos paganos y modernos cristianos,**
pág. 35.

miles de pinturas y cuadros de «María y de los santos».

Cuando llegó la apostasía se hicieron pinturas que suponían ser semejanzas de Cristo, con «rayos dorados» alrededor de su cabeza. Esta era exactamente la misma forma con la que el dios-Sol de los paganos había sido representado por varios siglos. Otro intento de unir el paganismo con el cristianismo. Hoy día, tanto las iglesias católicas como las protestantes (en su mayoría) hacen uso de cuadros de Cristo. Pero las Escrituras no nos dan una descripción de las facciones físicas de Jesús. No fue hecha ninguna pintura de El durante su vida en la tierra. La Iglesia de los primeros cuatro siglos no tenía pinturas de El. Es evidente que las llamadas pinturas de Cristo, al igual que las de María y los santos, sólo son un producto de la imaginación de los artistas. Haciendo únicamente un corto estudio del arte religioso, podemos encontrar que en diferentes siglos y nacionalidades se hallan muchos y diferentes cuadros de Cristo distintos unos de otros. Obviamente, no todos pueden tener la apariencia de Cristo.

Supongamos que alguien que nunca lo ha visto a usted, que no conoce sus facciones y no tiene forma alguna de conocer su apariencia, ¡decide pintar un cuadro suyo! Es natural que el resultado será algo que no se parecerá en nada a usted. Suponiendo que su nombre sea puesto debajo del cuadro y que se le dijera al pueblo que es usted, ¿apreciaría usted esto? ¡Claro que no! ¡Tampoco podemos pensar que Cristo ha dado su aprobación a los conceptos que han tenido los hombres de lo que ellos «piensan» que era su apariencia!

Yo sé que el escribir estas cosas no es popular. ¡Pero creo que todos podemos estar de acuerdo en que no hay hombre —ni aún el mejor artista del mundo— que pueda captar al Señor en su plena y verdadera gloria! Cualquier pintura, aun en su máxima grandeza, no es más que un pobre sustituto, sólo una imagen o ídolo en forma modificada, y ésta nunca podría mostrar la verdadera magnificencia de nuestro Señor. Los que verdaderamente adoran a Dios deben hacerlo «en espíritu y en verdad» (Juan 4:24) y la veneración de pinturas, imágenes o ídolos, no nos ayuda —como se pretende— a un culto más fervoroso y verdadero, sino que, por el contrario, lo impide.

5

OBELISCOS, TEMPLOS Y TORRES

Dentro de las antiguas naciones paganas, no solamente fueron hechas estatuas de los dioses y diosas de forma humana, sino que muchos objetos eran venerados y tenían un significado simbólico, oculto y misterioso. Un ejemplo de esto se puede ver en el culto a los antiguos obeliscos, uno de los cuales podemos ver en la ilustración que se acompaña.

Diodoro dice que la reina Semiramis erigió un obelisco en Babilonia de 130 pies de altura.[1] En esta forma podemos notar que los obeliscos eran usados en la religión babilónica. Pero es en Egipto que su uso fue más preeminente. Como es sabido, Egipto llegó a ser una gran fortaleza del paganismo y de los antiguos misterios religiosos. Hay un gran número de estos viejos obeliscos todavía en Egipto, aunque en su mayoría han sido removidos y llevados a otras naciones. Uno de ellos está situado en el Parque Central de

---

1. **Enciclopedia de religiones, Vol. 3, p. 264.**

Nueva York, otro en Londres, y muchos de ellos (como hemos de ver), ¡fueron transportados a *Roma*!

Originalmente estos obeliscos se asociaban con el culto al dios Sol. Eran símbolos de Baal o de Nimrod.[2] Aquellas gentes —habiendo rechazado el conocimiento del verdadero Creador—, al notar que el sol daba vida a las plantas y al hombre, comenzaron a pensar en él como Dios, el gran otorgador de la vida. Mas no solamente eran los obeliscos símbolos del sol; también eran reconocidos como símbolos sexuales. Aquellas gentes se daban cuenta que a través de relaciones sexuales se producía vida. Y por esta razón —como es sabido por todo aquel que ha estudiado— el falo, órgano reproductivo masculino, fue también reconocido (igual que el sol) como un símbolo de vida y, por ende, un símbolo del dios-Sol. ¡De ahí el significado del obelisco! [1]

Considerando el denigrante significado de los obeliscos, no debe sorprendernos que su uso fuese prohibido por la Biblia. La palabra «imágenes», que aparece en nuestra Biblia, es traducida de varias palabras diferentes con distinto significado. Una de éstas palabras es *matzebah*, que significa «imágenes altas», es decir, obeliscos. Esta palabra es usada en 1.º Reyes 14:23, 2.º Reyes 18:4 y 24:14, Jeremías 43: 13 y Miqueas 5:13. Otra palabra original que se usaba frecuentemente, refiriéndose a los obeliscos, es *hammanim*, que significa «imágenes del sol», es decir, imágenes dedicadas al sol u obeliscos. Esta palabra se encuentra en el texto original de Isaías 17: 8 y 27:9.

Para que estos obeliscos pudieran presentar mejor su simbolismo pagano eran erigidos verticalmente. Así que apuntaban hacia el sol. La posición era

2. Fausset, p. 511.
1. Enciclopedia de religiones, p. 33. Símbolos pagano-cristianos, antiguos y modernos, p. 99.

erecta, con el fin de simbolizar al falo. Al considerar cuán importante era esta posición erecta del obelisco, para aquellos que veneraban los misterios, es interesante notar lo que Dios declaró en cuanto a tan falso culto. Dijo que sus «imágenes» —obeliscos— «no se levantarán» (Is. 27:9). Podemos darnos cuenta, así, de la oposición del Señor a estos nefandos símbolos.

Cuando los israelitas infieles mezclaron cultos paganos con su culto al verdadero Dios, ¡también construyeron «una imagen del celo en la *entrada* del templo! (Ez. 8:5). Esta imagen era probablemente un obelisco, el símbolo fálico; porque, como lo dice Scofield en su comentario a este capítulo, «se habían entregado a cultos *fálicos*».[1] Esta práctica de erigir obeliscos a la entrada de los templos paganos, fue una costumbre establecida en aquella época. A la entrada del templo de Tum se encontraba un obelisco igual que al frente del templo de Hathor, «el aposento de Horus» (Tammuz).[2]

Al considerar el uso del obelisco a la *entrada* de los templos en el viejo paganismo, no debe sorprendernos el hallar «exactamente» lo mismo en la Babilonia moderna, ¡la Iglesia Católica Romana! Sí, no solamente eran puestos estos obeliscos a las entradas de los templos de los idólatras del sol, sino que al frente de la *entrada* de la catedral de San Pedro, en Roma, ¡hallamos el símbolo idéntico hoy en día! La foto de la página anterior nos muestra la Iglesia de San Pedro —como la iglesia «madre» de todo el cristianismo—, ¡y al frente de ella el obelisco o imagen del celo, símbolo del falo! He aquí una increíble clave para ayudarnos a identificar a la Babilonia moderna.

---

1. Biblia Scofield, p. 847, nota.
2. Enciclopedia de religiones, p. 33.

¿Cómo ha sido que un objeto tan abominable haya sido puesto ahí? Cuando lo estudiamos, descubrimos que al propagarse la religión misteriosa a Roma, junto con ella llegó el uso de obeliscos como un símbolo. Y no solamente fueron los obeliscos hechos y erigidos en Roma, sino que los mismos obeliscos egipcios fueron trasladados a Roma a un gran costo y luego fueron erigidos por los emperadores y dedicados al dios-Sol, en días paganos. Y este fue el caso del obelisco que actualmente está situado ante la Basílica de San Pedro.

No es solamente una copia de un obelisco egipcio, ¡sino que es el *mismo* obelisco que era adorado en Egipto tiempos atrás! Calígula, en los años 37-41 después de Cristo, hizo transportar este obelisco desde Heliópolis (Egipto) hasta su circo de las colinas del Vaticano, donde actualmente yace la Catedral de San Pedro.[1] Heliópolis, la ciudad de donde fue transportado originalmente este obelisco, no es más que el nombre griego de *Beh-Semes*, ¡el cual era el centro egipcio de adoración al sol de tiempos atrás! Y es este el sitio del que dice la Biblia que «...además quebrarán las estatuas de Beth-semes que es en tierra de Egipto y las casas de los dioses de Egipto» (Jeremías 43:13).

De tal forma que el mismo obelisco que una vez estuvo en el antiguo templo pagano, centro del paganismo egipcio (Heliópolis o Beth-semes), ahora está situado ante el templo que es el centro del paganismo moderno, la llamada Catedral de San Pedro, la iglesia «madre» del catolicismo. Esto parece más que una coincidencia. Aquel obelisco de granito rojo del Vaticano mide 83 pies de altura (132 pies con sus cimientos) y pesa 320 toneladas. En 1586, para ase-

---

1. Harper's diccionario bíblico, p. 500; Enciclopedia católica, Vol. 13, p. 371.

gurarse de que el obelisco estuviese situado directamente a la entrada de la Catedral, fue movido a una corta distancia de donde está hoy situado, en la Plaza de San Pedro, por orden del papa Sixto V. No era tarea fácil el mover este pesado obelisco, especialmente en aquellos días. Muchos hombres se negaron a hacer esta tarea, especialmente cuando el Papa pronunció la *pena de muerte* si el obelisco era soltado y roto.[2] Tal sentencia indica por sí misma cuán importante consideraba el Papa y su pueblo al ídolo tan abominable.

Finalmente, un hombre llamado Domenico Fontana, aceptó la responsabilidad de mover y erigir el obelisco del Vaticano. Con 45 montacargas, 160 caballos y un grupo de 800 hombres, comenzó el trabajo de recolocación. La fecha fue el primero de septiembre de 1586. Las multitudes llenaron la extensa plaza. Mientras el obelisco era removido, la gente que estaba allí —*bajo pena de muerte*— fue obligada a mantenerse en silencio hasta que se terminó la recolocación. Nuevamente notamos la importancia que la Iglesia Romana atribuía a este ídolo. Finalmente, después de que casi fracasan en su intento, el obelisco fue levantado, sonaron cientos de campanas y rugieron los cañones y la multitud gritó entusiasmada. Se dedicó al ídolo a la «cruz», celebraron una misa y el Papa pronunció una bendición para los trabajadores y sus caballos.[1]

El dibujo que se adjunta indica cómo la Catedral de San Pedro y su plaza circular están localizados en forma de cruz. En el centro de la plaza (A) está situado el obelisco pagano. Esta plaza circular está formada por 284 columnas en estilo dórico, ¡y costó aproximadamente un millón de dólares! ¡El

---

2. **Monumentos antiguos de Roma**, p. 175-177.
1. Ibíd., p. 177.

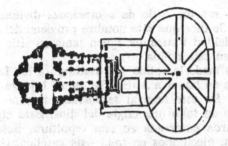

uso de estas columnas fue copiado directamente del estilo de templos paganos! Incluimos aquí un dibu-

jo del viejo templo de Diana, uno de los muchos ejemplos de cómo eran las columnas usadas en los templos paganos. Igual que el obelisco, estas columnas eran también consideradas como símbolos «misteriosos» del falo. En el vestíbulo del templo pagano a la diosa, en Hierápolis, por ejemplo, una inscripción referente a las columnas dice: «Yo, Dionisio, dediqué estos falos a Hera, mi madrastra».[2] Y aun así, estas columnas fueron usadas en abundancia para construir el circular de la Plaza de San Pedro, la cual rodea al obelisco egipcio.

Asimismo, al escoger las colinas del Vaticano como sitio de la «Iglesia madre» del catolicismo, fue el resultado de una mezcla del paganismo. En tiempos anteriores, esta colina —como lo indica la misma pa-

---

2. Hastings, Arte «fálico».

labra— era un «sitio de adoraciones divinas» *(Vati-cinia)*. Se dice que este nombre proviene del nombre de la deidad *Vaticanus*, quien tenía su sitio preeminente en esta colina.[1]

Más tarde la colina fue usada para los festivales anuales en honor a Attis o Tammuz, hijo de la *Gran Madre*. En este festival se cortaba un pino y se le ataba a su tallo una efigie del dios. Esta efigie era más tarde enterrada en una sepultura. Estos ritos son aún ejecutados en todo país católico, ritos que son una mezcla del antiguo paganismo con la cristiandad. Como algunos de los ritos antiguos en honor a Tammuz, eran eventos similares a los que le sucedieron a Cristo (tales como su muerte, entierro, etc.). Paganismo y cristianismo fueron unidos «casi sin interrupción», ya que estas ceremonias eran celebradas en un santuario de la colina vaticana, que fue más tarde poseída por los católicos romanos y la Iglesia madre de San Pedro, que está situada actualmente en el *mismo sitio*.

Así como los líderes católicos tomaron otras cosas del paganismo, no debemos sorprendernos que también copiaran la idea de construir templos elaborados y costosos, tales como su iglesia principal, la de San Pedro. Esta iglesia es considerada como la más grande de la cristiandad. La Iglesia mundana pensó en construir tal templo, un templo de mayor esplendor que aquellos de la antigua religión romana. Y así, simulando el diseño del Panteón de la Roma pagana —sólo que más elaborado—, San Pedro fue completado finalmente a un costo estimado en ¡50 millones de dólares! Y hasta hoy en día, muchos todavía suponen que Dios quiere que su pueblo le construya costosos y elaborados templos de ado-

1. Antiguos monumentos de Roma, p. 75.

66

ración. ¡Tanto es así, que la construcción de iglesias se ha convertido en un gran negocio!

¿Pero está de acuerdo con las Escrituras el usar miles o a veces millones de dólares en un edificio lujoso? ¿Enseñaron esto Cristo y sus discípulos? ¿Cuál es el plan de Dios en cuanto a esto? Sabemos que Dios dirigió a su pueblo, bajo el reino de Salomón, para construir un templo en el tiempo del Antiguo Testamento y el Señor decidió hacerse presente en él. Pasando al Nuevo Testamento, el Espíritu Santo no habita en templos hechos de manos (Hechos 17:24). Ahora el Señor habita dentro de su pueblo —su verdadera iglesia— por medio de su Espíritu. Pablo dice así: «¿No sabéis que *sois* templo de Dios y que el Espíritu de Dios mora en *vosotros*? (1.ª Cor. 3:16).

Comprendiendo esta verdad, la Iglesia primitiva *llena del Espíritu* nunca construyó templos de piedra y acero. Ellos procedieron a predicar el mensaje del Reino, el mensaje de ese glorioso y venidero Reino. Nunca se le dio énfasis al edificio en sí. ¡Ellos nunca hicieron campañas financieras ni demandaron ofrendas para poder construir un templo más lujoso que el vecino! ¡No! Su tiempo y su dinero lo pusieron en propagar el *mensaje*, no en un edificio. ¡Tanto es así, que no hay testimonio de que antes de los años 222-235 d. de C., se hubiese construido algún templo![1]

Claro está que no tratamos de decir que el tener un edificio como iglesia esté mal. Sin duda alguna, que el motivo por el cual no se construyeron templos antes fue porque a los primeros cristianos no se les permitía tener títulos de propiedad debido a la persecución que sufrían. De lo contrario, estamos seguros que se hubieran construido algunos edificios

---

1. Manual bíblico Halley.

sencillos. No con fines de ostentación. No hubieran tratado de competir con el estilo de los templos esplendorosos de los paganos, tales como los de Diana en Efeso o el Panteón de Roma.

Pero la Iglesia apóstata de Roma, por razón de su mezcla con el mundo, llegó a obtener gran poder y riquezas bajo el reino de Constantino. Siguieron como modelo el construir edificios eclesiásticos de gran lujo y valor —un ejemplo que se ha prolongado hasta nuestros días—. Sus edificios eran más elaborados y costosos de lo necesario. Y esta idea se ha arraigado tanto en la mente del pueblo, que la palabra iglesia, para una gran mayoría, significa un *edificio*; mientras que la verdadera interpretación que hallamos en la Biblia nos indica que la iglesia es un grupo de personas que alaban a Dios y quienes son templos del Espíritu Santo.

Actualmente la mayoría de los templos valiosos que han sido construidos a través de los siglos, destacan una *torre*. Y preguntamos, ¿por qué? La mayoría de las iglesias católicas romanas tienen una torre. ¿Por qué? ¿Por qué las iglesias protestantes, en su mayoría, siguen este ejemplo de destacar una torre en conexión con sus templos de adoración? Cada generación de constructores ha copiado a la generación anterior sin siquiera investigar sobre el origen de esta idea.

Algunas torres eclesiásticas han costado fortunas al construirse. Los millones de dólares que se han invertido en estas torres hubieran podido ser usados en la propagación del evangelio o en ayudar a los necesitados. Parece obvio que el único motivo de construir tales torres es el de lucirlas. Claro está que la Biblia no nos enseña a construir dichas torres. Nuestro Señor nunca construyó esta clase de estructuras cuando estuvo en la tierra, ni tampoco instruyó a sus discípulos de esta manera cuando regresó con su Padre. Entonces, ¿cómo comenzó esta tradición de torres arquitectónicas?

Todos estamos familiarizados con la gran torre de Babel y sabemos de cómo Dios se enojó en contra de ellos. Hemos también notado cómo se expandieron otras ideas desde Babilonia. ¿Podría ser este el origen de construir una torre en relación con los templos religiosos? Durante los primeros días de Babilonia, el pueblo dijo: «Vamos, edifiquemos una ciudad y una torre, cuya cúspide llegue al cielo» (Génesis 11:4). Sin duda alguna que la expresión «que llegue al cielo» fue para indicar gran altura. Esta misma expresión la encontramos en Deuteronomio 1:28, que menciona grandes ciudades cuyas murallas se levantan «hasta el cielo». De igual forma, la torre de Babel fue planeada para que tuviese gran altura. ¡Pero no debemos suponer que estas construcciones de Babel eran con el fin de elevarse hasta el cielo, donde está el Trono de Dios! ¡No! ¡Su deseo no era estar ante la presencia de Dios! Al contrario, hay suficientes evidencias que indican que la torre estaba relacionada con su religión, con su culto al sol.

Los historiadores se refieren a Babel como un *Ziggurat* (una torre con pequeñas pirámides que van indicando diferentes historias). De todos los majestuosos monumentos de Babilonia, la grandiosa torre de Ziggurat fue sin duda alguna una de las construcciones más espectaculares de su era, elevándose majestuosamente sobre su gran muralla de miles de torres. Alrededor de la vasta plaza se separaban recámaras para los viajeros y también para los sacerdotes que vigilaban el *Ziggurat*. Koldewey llamó a esta colección de estructuras «el Vaticano de Babilonia».[1] Aunque Babilonia era conocida por su grandiosa torre del pasado, también tenía otras numerosas torres por las cuales también se la conocía.

---

1. Antiguos templos y ciudades.

Se cree que uno de los significados del nombre de la diosa Astarté (Semiramis), escrito como *Asht-Tart*, quiere decir «la mujer que edificaba torres».[2] La diosa Cibeles (quien también ha sido identificada como Semiramis), era conocida como la diosa portadora de torres. La primera (dice Ovid) que edificó torres e ciudades y por lo cual fue representada con una corona en forma de torre sobre su cabeza, como también lo fue Diana (véase la ilustración de Diana en el capítulo Dos). En el simbolismo de la Iglesia Católica, ¡la torre es un emblema de la Virgen María! [3] Encontramos entonces una conexión definitiva dentro de la adoración a la diosa-madre y las torres de la religión babilónica.

Algunas de las antiguas torres fueron construidas por motivos militares —torres de guardia—, ¡pero la mayoría de las torres construidas en el Imperio babilónico fueron exclusivamente religiosas y asociadas con el culto al sol y unidas al templo! En aquellos días, un extranjero que entraba a la ciudad de Babilonia no tenía dificultad alguna en localizar el templo, pues según se dice, encima de las casas de techos planos «...podía verse la torre con claridad». Cada población del Imperio babilónico tenía su templo y éste su torre.[1] Ya hemos visto cómo un cierto número de ideas se originaron en Babilonia y luego se propagaron por las naciones, ¡por lo cual no es difícil darnos cuenta que Babilonia fue también la cuna de las torres religiosas! Es aún más probable cuando consideramos que fue durante la edificación de la gran torre de Babel que comenzó la divulgación a través de la emigración de los hombres, sobre la faz de la tierra, que llevaron consigo la idea de la torre. Y a pesar de que al paso de los años

2. Dos Babilonias, p. 307.
3. Diccionario de símbolos, p. 326.
1. La grandeza de Babilonia, p. 335.

estas torres religiosas se han desarrollado de diferentes formas y en distintos países, ¡las torres continúan de una o de otra manera! Notemos cómo son usadas las torres por las diferentes religiones del mundo:

Las torres han sido parte de las religiones de los chinos por mucho tiempo. La ilustración acompañante indica una de las muchas «pagodas» (el derivado de este nombre es «diosa»). En cuanto a las torres usadas por la religión hindú, leemos: «...desplazadas sobre grandes templos, hay grandiosas pagodas o torres... elevándose altamente sobre los alrededores, en todo sitio podían ser vistas por el pueblo y de tal manera, su devoción a su culto idólatra aumentaba... Un gran número de estas pagodas tienen cientos de pies de altura y están cubiertas de esculturas que representan escenas de la vida de los dioses del templo o de eminentes santos».[1]

1. Historia de los cultos del mundo, p. 269.

Entre los musulmanes, también, aunque en forma un poco diferente, se pueden ver las torres religiosas.

La ilustración indica numerosas torres llamadas minaretes en La Meca. Torres de este estilo fueron también usadas en la famosa iglesia de Santa Sofía, en Constantinopla.

El uso de las torres también se llevó a cabo en el cristianismo católico y protestante. La torre de la gran catedral de Colonia se eleva 515 pies sobre el nivel de la calle, mientras que la catedral protestante de Ulm, también en Alemania, mide cerca de 528 pies de altura. No solamente en grandiosas catedrales, sino aun en pequeñas capillas, está incluida en su diseño una torre de cualquier clase. Y la única razón por la que se hace esto es simplemente por tradicion, una tradición nunca investigada.

En la cima de estas torres religiosas, una cúspide frecuentemente apunta al cielo. En realidad el ápice o capitel nos es tan familiar y se usa tan generalmente, que su origen nunca nos preocupa, es, simplemente, una forma modificada del obelisco del cual hablamos en la primera parte este capítulo. Cuantiosos escritores mencionan cómo el ápice o capitel originalmente no fue más que otra forma de obelisco, un símbolo del falo.[2] Actualmente, existen especímenes fantásticos de símbolos que fueron originalmente fálicos: cúspides en las iglesias y obeliscos..., todos mostrando la influencia de antepasados idólatras.[1]

Al final de la cúspide o capitel de las iglesias está situada, invariablemente, una cruz. Las costosas catedrales y edificios de los que hemos hablado en

2. Isis descubierta, p. 5. Símbolos antiguos paganos y cristianos modernos, p. 14.
1. Costumbres de la Humanidad, p. 55.

este capítulo están frecuentemente decorados con cruces en muchas formas. Encima del obelisco que se encuentra situado a la entrada de la catedral de San Pedro, en Roma, ha sido colocada una cruz para «cristianizarlo». Pero la cruz, como imagen —un pedazo de madera—, ¿es verdaderamente un símbolo cristiano? Esta es la pregunta que hemos de contestar en los siguientes capítulos.

6

¿ES LA CRUZ UN SIMBOLO CRISTIANO?

La cruz es reconocida como uno de los símbolos más importantes de la Iglesia Católica Romana. Se luce sobre las cúspides de torres y techos de iglesias. Puede verse en sus altares, muebles y vestidos eclesiásticos. La estructura de la mayoría de las iglesias católicas está diseñada en forma de cruz. Todo hogar, hospital o escuela católicos, tienen la cruz como adorno en sus paredes. En todas partes, la cruz es  honrada notablemente y se adora en cientos de formas.

De igual manera el signo de la cruz es usado frecuentemente en los ritos católicos. Cuando un infante es bautizado, el sacerdote hace la señal de la cruz sobre su frente, y dice: «Recibe el sello de la cruz sobre tu frente». Durante la confirmación, el candidato es sellado con la cruz. En el día del Miércoles de Ceniza, las cenizas son usadas para hacer un signo de la cruz sobre la frente de los peregrinos. Al entrar al edificio eclesiástico, ungen sus dedos pulgares de la mano derecha en «agua bendita» y hacen la señal de la cruz sobre la frente, el pecho y ambos hombros, de tal manera que imitan la imagen de la cruz. El mismo signo se hace antes de las comidas. Durante la misa, el sacerdote hace la señal de la cruz 16 veces y bendice el altar con la misma señal 30 veces. Las iglesias protestantes, en su mayoría, no creen en hacer la señal de la cruz con los dedos. Tampoco se arrodillan ante ella o la hacen objeto de adoración. Han llegado a reconocer que tales cosas son supersticiones y no tienen fundamento bíblico. Pero han usado la cruz en sus torres y techos de sus iglesias, en púlpitos y en otras muchas formas. De manera que de una forma u otra, el cristianismo —tanto católico como protestante— respetan la cruz como emblema del cristianismo. El hecho de que nuestros templos estén adornados con ella es en sí mismo un símbolo cristiano. Pero preguntamos: ¿Es la cruz en la cual perdió su vida nuestro Salvador, algo digno de adoración? ¿Debemos lucir el instrumento de muerte de nuestro Señor y enorgullecernos de él? ¿Enseña la Escritura acaso que debemos poner siempre la cruz en nuestros edificios o llevarla en nuestro cuello?

Personalmente, nunca he rechazado el uso de la cruz en las iglesias o en su mobiliario. Como otros, he razonado que es un símbolo cristiano. ¡Pero un estudio de evidencias históricas revela claramente que la cruz es un símbolo de origen pagano! Los cristianos primitivos no consideraban la cruz como un símbolo de honor o de virtud, sino como un «árbol maldito», un instrumento de «vergüenza» y de muerte (Heb. 12:2). No tenían su confianza en la cruz. Al contrario, su fe estaba puesta en lo que «se realizó» en la cruz; ¡y a través de esta fe conocían de su pleno y completo perdón de pecados!

Fue en este sentido que los apóstoles predicaron acerca de la cruz y se regocijaban en ello (1.ª Cor. 1: 17-18). Referencias bíblicas como la citada, *nunca* mencionan a un *pedazo* de madera o de plata que pudiéramos portar en nuestro cuello o en la mano. El mensaje de los apóstoles fue sobre *Aquel* que fue colgado y murió en la cruz. Cuando hablaban de la cruz se referían al sufrimiento en el Calvario, al sacrificio supremo que allí se realizó. Pero la Iglesia primitiva nunca consideró el portar una cruz como protector u objeto de buena suerte o como objeto de adoración. ¡No! Este uso de la cruz vino mucho más tarde.

No fue sino hasta que el cristianismo comenzó a mezclarse con el paganismo, que la cruz comenzó a reconocerse como un símbolo cristiano. Fue en el año 431 d. de C. que se introdujo el uso de cruces en iglesias y recámaras; mientras que el uso de las cruces en las cúpulas no llegó sino hasta el año 586 d. de C.[1] En el siglo XI la imagen del crucifijo fue introducida y su culto fue aceptado por la Iglesia de Roma.[2] No fue sino hasta el segundo Concilio de Efeso que se ordenó la posesión de crucifijos en los hogares.[3] El uso de la cruz, por lo tanto, no fue una doctrina de la Iglesia Primitiva. No fue parte de «la fe que fue una vez dada a los santos». ¿Entonces, de dónde proviene?

En las siguientes páginas deseamos dar pruebas históricas de que la cruz fue un objeto de adoración siglos antes de la Era Cristiana. Hemos de ver que la cruz es señal babilónica y que su introducción en

---

1. Libro de datos Harper.
2. Fausset, p. 145.
3. La cruz en el arte y la tradición histórica, p. 157.

la Iglesia profesante fue un intento más de mezclar el paganismo con la cristiandad.

Siglos antes de la Era Cristiana, la cruz ya era venerada como un símbolo religioso por el pueblo de Babilonia. Esto se prueba en sus más antiguos manuscritos.[4] Los historiadores dicen que es un símbolo asociado con *Tammuz*.[5] ¿Pero qué significado tenía el símbolo de la cruz en Babilonia, y cómo fue asociado con el nombre del falso «salvador» Tammuz?

El símbolo de la cruz —en su forma original— proviene de la primera letra del nombre Tammuz, la «T». «El mismo signo de la cruz que venera la Iglesia de Roma hoy en día, fue usado en los Misterios de Babilonia —dice Hislop—. Aquello que es ahora conocido como la cruz cristiana, no fue originalmente un símbolo cristiano, sino el símbolo místico Tau de los caldeos y egipcios —la forma original de la T—, la inicial de Tammuz, la cual fue usada en una gran variedad de formas como un símbolo sagrado, como un amuleto sobre el corazón; era marcada en las vestimentas oficiales de la Roma de hoy.»[1]

Desde Babilonia, el símbolo de la cruz se propagó a Egipto, donde monumentos preservados hasta

---

4. Doane, p. 342.
5. Lo grande que fue Babilonia, p. 496, 498.
1. Dos Babilonias, p. 197.

nuestros días, dan abundantes evidencias de su uso allí. En *cualquier* libro sobre Egipto que muestre los antiguos monumentos y las paredes de los templos, se pueden ver los reyes y los dioses de esos tiempos portando cruces en sus manos. La ilustración adjunta muestra ¡cómo algunos de los dioses de Egipto en su forma misteriosa —parte humana y parte animal— portan cada uno una cruz!

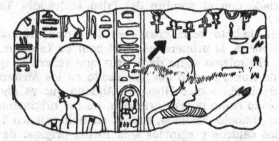

La siguiente ilustración es tomada de un edificio de Amenophis IV en Tebas (Egipto). A la derecha, el rey está orando. Notemos el círculo solar con una forma de misterio del dios solar debajo de éste. Dice un conocido historiador, refiriéndose a Egipto: «Aquí hallamos, en su forma intacta a través de miles de años y por medio de los jeroglíficos más sagrados, a la cruz en diversas formas, pero en especial la conocida como "la cruz de Egipto" o cruz de Tau, en su forma de T, frecuentemente con un círculo o redondel sobre ella. Aunque este símbolo místico no era peculiar en esta nación, sí era un objeto de reverencia en Caldea, Fenicia, México y *todas* las otras naciones antiguas de ambos hemisferios».[1]

Al propagarse por las naciones, el culto crucifista tomó otras formas, y fue usado de diversas maneras. Dentro de China, «la cruz es reconocida como

---

1. La cruz en tradición, arte e Historia, p. 2, 3.

uno de los objetos más antiguos; es representada en sus pagodas, pintada sobre las lámparas usadas para iluminar los más sagrados sitios de sus templos».[2]

La cruz ha sido un símbolo sagrado en la India por espacio de muchos siglos entre la gente no cristiana. Al norte de esta nación la cruz es usada para marcar los jarrones de agua sagrada que se extraen de los ríos Indus y Ganges. En el sur, la cruz se usa como un emblema de los santos sin cuerpo de Jaina. En el oriente «veneraban el símbolo del crucifijo siglos antes de que el Señor se hiciera presente en la tierra».[3] En la parte central de esta nación han sido descubiertas dos rudimentarias cruces de piedra que datan de siglos antes de la Era Cristiana. Una de estas cruces mide más de 10 pies de altura y la otra más de 8 pies.[4] Entre los hindúes la cruz era considerada como sagrada para su dios Agni.[5] Los budistas y otras numerosas sectas de la India marcaban a sus seguidores con la señal de la cruz sobre sus cabezas.

En el continente africano, «en Susa (Abisinia), los indígenas sumergen cruces en el río Gitche. Las mujeres de Kabyle, aunque son musulmanas, se hacen tatuajes en forma de cruz entre los ojos. En Wanyamwizi, o Tierra de la Luna, los habitantes decoran sus paredes con cruces. Los yaricks, que establecieron una línea de reinos desde el Níger hasta el Nilo, llevaban pintada en sus escudos la señal de la cruz».[1]

Notamos, por lo expuesto, ¡que la cruz se usaba entre numerosas tribus paganas de Africa que no tenían conocimiento alguno de Cristo!

2. Ibid., p. 13.
3. Ibid., p. 10.
4. Ibid., p. 12.
5. Cristiandad monumental, p. 14.
1. La cruz en tradición e Historia, p. 9.

Cuando desembarcaron en México los españoles, «no podían ocultar su sorpresa —dice Prescott— al ver la cruz, el símbolo sagrado de su propia fe [católica] erigida como objeto de adoración en los templos de Anahuac. Los españoles no comprendían que la cruz era un símbolo de adoración de gran antigüedad y era usado por muchas naciones paganas en las cuales la luz de la cristiandad no había brillado».

En Palenque (México), fundado por Votan en el siglo IX a. de C., hay un templo pagano denominado como «el templo de la cruz». En el pedestal del altar hay una cruz inscrita, exactamente en el centro, la cual mide seis pies y medio por once pies! [3] La ilustración siguiente indica esta cruz, la cual ¡fue adorada siglos antes de que alguien en México hubiese oído de Cristo!

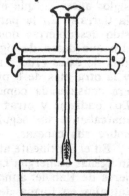

En los tiempos pasados, los mexicanos adoraban la cruz como *Tota* (Padre de nosotros). Esta costumbre de dirigirse a un madero bajo el título de «padre», también es mencionada en la Biblia. Cuando el pueblo de Dios, en el Antiguo Testamento, mezcló la idolatría con su religión, adoraban dioses paganos y decían al leño: «Mi padre eres tú» (Jer. 2:27). Pero es contrario a la Palabra de Dios el llamar a un madero (o a un sacerdote) con el título de «padre».

En años pasados en Italia, antes de que la gente conociera las artes de la civilización, creían en la

---

2. Enciclopedia de religiones, Vol. 3, p. 70.

cruz como un símbolo religioso. Aun en aquellos días la consideraban como una protección y la ponían sobre sus tumbas.[1] A través de los siglos fue usada como un símbolo religioso hasta los días del pagano Imperio romano. En el año 46 a. de C., monedas romanas muestran a Júpiter portando un largo cetro que terminaba en una cruz.[2] Este era su símbolo.[3] Las vírgenes vestales de la Roma pagana portaban una cruz colgando de sus collares, al igual que lo utilizan actualmente las monjas de la Iglesia Católica Romana.[4]

Los griegos lucían cruces en la banda que ponían en su cabeza, con su dios Tammuz, de Babilonia (v. ilustración). En los misterios de Ulises se imprimía una cruz en el pecho de los iniciados.[5] Porcilli menciona cómo *Isis* era representada con una cruz en la frente.
El templo de Serapis, en Alejandría, tenía una cruz sobremontada. Cuando fue desenterrado el templo de la Esfinge se encontró que tenía forma de crucifijo. Los persas portaban escudos en forma de cruz durante sus batallas contra Alejandro Magno (año 335 a. de C.).[6]

La cruz era usada como un símbolo religioso por los aborígenes de Sudamérica en tiempos pasados.[7] A los recién nacidos los ponían bajo su protección en contra de espíritus malignos. Los habitantes de

---

1. La cruz en tradición, arte e Historia, p. 22.
2. Ibid., p. 26.
3. Enciclopedia de religiones, Vol. 1, p. 495.
4. Dos Babilonias, p. 198.
5. Mitos bíblicos, p. 343.
6. Ibid., p. 346.
7. Curiosidades de costumbres populares, p. 297.

la Patagonia se tatuaban sus frentes con cruces.⁵ En
El Perú se han hallado utensilios antiguos que están
marcados con una cruz como símbolo religioso.¹

Los reyes de Asiria,
según demuestran docu-
mentos antiguos, porta-
ban una cruz colgante
en sus collares,² al igual
que algunos extranjeros
que luchaban contra los
egipcios. Estos guerre-
ros llevaban puesta una
pequeña cruz colgada de
su cuello o de sus collares. La cruz también era pintada sobre las vestimentas de los *rot-n-no* desde el
siglo XV a. de C. (véase ilustración).

Se podría decir mucho más acerca de los distintos usos de la cruz como símbolo u objeto religioso
de adoración dentro de los pueblos que nos prece-
dieron. Creemos haber dicho lo suficiente para esta
blecer el punto de que la cruz era usada mucho antes de la Era Cristiana. Hay muy pocas tribus, para
acabar, en las que no haya sido encontrado el uso de
la cruz.⁴ En cualquier forma, a través de los años,
la cruz ha existido y ha tenido un significado e influencia vitales.⁵

Como instrumento de muerte, el uso de la cruz
es igualmente antiguo y pagano. «La cruz fue usada
en tiempos pasados como medio de castigo por crímenes notorios en Egipto, Asiria, Persia, Palestina,
Cartagena, Grecia y Roma. ¡La tradición atribuye la

8. Enciclopedia de religiones, Vol. 1, p. 495.
1. Ibid., p. 386.
2. Ibid., p. 494.
3. Wilkinson, Vol. 1, p. 376.
4. Las dos Babilonias, p. 199.
5. La cruz, su historia y simbolismo, p. 16.

invención de este medio de castigo a una mujer, la reina Semíramis!»[6]

Pero ya que Cristo murió en la cruz, dirá alguien, ¿no la convierte este hecho en un símbolo cristiano? ¡No! El hecho de que Jesús haya muerto crucificado indica que su uso como medio de castigo y muerte ya estaba establecido dentro del paganismo. No era un símbolo cristiano cuando Jesús fue colgado de ella, ¡y nunca ha sucedido nada que la convierta en una símbolo cristiano hoy en día! Como alguien preguntó: Supongamos que Jesús hubiese muerto por el disparo de una escopeta. ¿Sería este un motivo para que tal objeto se convirtiera en un símbolo cristiano? ¡No! ¡No se trata de cómo murió nuestro Señor, sino de lo que «su muerte cumplió»! ¡Eso es lo importante!

Al propagarse el símbolo del crucifijo por las antiguas naciones (como lo hemos visto), éste tomó diferentes formas en los distintos países hasta que se multiplicaron las formas de la cruz pagana. El catolicismo, adoptando la idea pagana del culto a la cruz, también aceptó varias formas de la cruz. De modo que hasta nuestros días, la Iglesia Católica no adora solamente un tipo de cruz, sino numerosas formas, algunas de las cuales pueden verse en la ilustración adjunta.

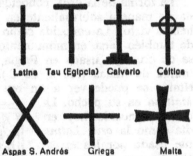

Latina Tau (Egipcia) Calvario Céltica

Aspas S. Andrés Griega Malta

Y nos preguntamos, si el uso de la cruz en el

---

6. La cruz en la tradición, arte e Historia, p. 64.

catolicismo se originó con la cruz de Cristo, ¿entonces *por qué* son usadas tantas y tan variadas formas de la cruz? Evidentemente, la cruz en la cual Cristo fue colgado, solamente fue *una*. Si el culto a la cruz se originó con la cruz de Cristo, ¿no le parece que solamente *una* forma de cruz debiera ser usada?

El caso es que el culto a la cruz no se originó con Cristo y toda la variedad de formas de la cruz fueron símbolos paganos desde antes de la Era Cristiana. Dice un conocido escritor: «De las muchas variedades de cruces que siguen vigentes como emblemas nacionales y eclesiásticos, se distinguen por las afiliaciones familiares la de san Jorge, san Andrés, la Maltesa, la Griega, la Latina, etc. No hay una de entre todas las cruces existentes que no pueda ser relacionada con la más 'remota antiguedad'».[1]

Notemos varios ejemplos de cómo estas diferentes cruces fueron en realidad símbolos sagrados, mucho antes de la Era Cristiana.

La forma de la cruz, conocida como *Tau*, fue usada de manera sobresaliente en Egipto (como ya lo hemos visto). La conocida como la *cruz Griega*, puede también verse en monumentos egipcios. Esta clase de cruz fue usada en Frigia, donde adornaba la tumba de Midas (718 a. de C.).[1] En las ruinas de Nínive se puede ver a un rey portando una *cruz Maltesa* en su pecho. La  forma conocida hoy en día como la *cruz Latina* fue usada por los etruscos. Su uso en una antigua tumba pagana con ángeles de alas a los lados, es mostrado en la ilustración adjunta.

1. El Pentateuco examinado, Vol. 6, p. 113.
1. Doane, p. 344; La cruz en tradición, p. 21.

La que ha sido llamada cruz de san Andrés era muy venerada entre los cumas de Sudamérica, pues se consideraba como una protección contra espíritus malignos.[2] Se encontraba en las monedas de Alejandro Bala, en Siria en el año 146 a. de C. y en las de los reyes Bactrios durante los años 140 a 120 a. de C. (¡No es necesario decir que esto fue mucho antes de que san Andrés naciera!)

La cruz que aquí mostramos es la llamada *cruz del Calvario*, ¡pero esta cruz es tomada de una vieja inscripción en Tesalónica que data de un período precristiano!

Pues bien, el hecho de que esta variedad de cruces ha sido adoptada en su *totalidad* por la Iglesia Romana, demuestra que tan sagrado culto a la cruz no se originó con la cruz de Cristo, ¡porque El murió en *una* sola cruz!

¿Qué clase de cruz fue sobre la que Jesús murió? La palabra «cruz» en la Biblia es traducida de *stauros*, que tiene su raíz en *sta*, que significa «estar de pie». En cuanto a la palabra en sí, no hay indicación alguna de que tuviera un travesaño.

En su atinado *Diccionario expositor de palabras del Nuevo Testamento*, W. E. Vine nos dice que la palabra griega *stauros* simplemente significa una estaca vertical y debe de ser diferenciada de la forma eclesiástica de los dos maderos en cruz (lo cual tuvo su origen en la antigua Caldea) y era usada como un símbolo del dios Tammuz (en la forma mística de Tau, la inicial de su nombre). En esa nación y en tierras adyacentes, incluso Egipto era una forma para acreditar el prestigio del sistema eclesiástico que se estaba deteriorando. La verdad es que mu-

---

2. Enciclopedia de religiones, Vol. 1, p. 494.

chos paganos fueron aceptados en las iglesias sin regeneración de la fe y se les permitió retener sus símbolos y señales paganas. De ahí que el Tau o T en su forma más común, es decir, con el travesaño algo abajado de su cúspide, fue adoptado para representar la cruz de Cristo (pág. 256).

En cuanto a la forma exacta del patíbulo en la cual Cristo fue colgado, no debemos preocuparnos, pues no es la forma de la cruz lo que es importante. Es Aquél que fue clavado en ella lo importante, y saber que allí realizó El nuestra redención de un modo completo.

7

CONSTANTINO Y LA CRUZ

Un hecho sobresaliente que originó la adoración de la imagen de la cruz, estableciéndola firmemente en la Iglesia apóstata, fue la famosa «visión de la cruz» y la «conversión» del emperador romano Constantino.

El día anterior a la batalla del Puente Milviano, Constantino oró a su dios-solar y se nos dice que apareció una cruz sobre el sol al poniente con la inscripción *In hoc signo vinces*, que significa «Con este signo vencerás». Al día siguiente, Constantino salió a la batalla tras un estandarte de la cruz. Venció en tal batalla y profesó convertirse. Naturalmente, tan «aparente» victoria para la cristiandad —la conversión del emperador como resultado de la visión de la cruz— aumentó de gran manera el uso de ésta en la Iglesia Romana.

¿Pero debemos suponer que el Señor Jesús dio tal visión al emperador Constantino? En realidad, hay poca razón para considerar esta visión como auténtica, especialmente debido a la falta de fundamento histórico. Eusebio es la única autoridad de quien se han podido recibir datos de este evento por los historiadores; sin embargo, el mismo Eusebio admitió ser propenso a crear y fue acusado de «falsificar eventos históricos».

Si realmente Constantino una vez tuvo esta visión, puedo asegurarles que *no* fue de Dios. La idea de que nuestro Señor ordenara a un emperador pagano hacer un emblema en forma de cruz con el objeto de vencer bajo ese signo, no corresponde a las enseñanzas generales de la Biblia ni al espíritu del cristianismo. El Imperio romano (del cual Constantino era el líder) había sido llamado *Bestia* en las Escrituras. Daniel vio cuatro grandes bestias que representaban cuatro imperios importantes: Babilonia (león), Medo-Persia (oso), Grecia (leopardo) y Roma, una más espantosa que todas.

Babilonia   Medo-Persa   Grecia   Roma

Esta cuarta bestia, el Imperio romano, era tan horrible a los ojos de Dios, que no tenía comparación con ninguna bestia terrenal (Daniel 7:1-8). Al considerar la maldad de esta bestia romana ante los ojos de Dios, ¿debemos suponer que el Señor Jesús se hizo líder de este sistema bestial? ¿Daría Jesús una visión a un emperador corrupto y lo enviaría a pelear como su representante? ¿Dijo Jesús alguna vez a sus discípulos que fueran a matar a otras gentes bajo un emblema de la cruz y en su nombre? ¡Claro que no! El fundamento del cristianismo se opone a las injusticias de la guerra, al odio y al asesinato. ¿Por qué hemos de suponer entonces que Cristo envió a Constantino a conquistar en su nombre y señal para edificar el sistema apóstata de Roma? Es obvio que tal visión no vino de nuestro Señor Jesucristo.

Pero si la visión no fue de Dios, ¿por qué entonces se convirtió Constantino? El hecho es que la conversión de Constantino no fue más que un truco. Aunque este hombre tuvo mucho que ver en el establecimiento de ciertas doctrinas y costumbres dentro de la Iglesia como organización, los hechos revelan claramente que no se convirtió realmente en el sentido bíblico. Los historiadores admiten que la conversión de Constantino fue de conveniencia.[1] La más clara indicación de que su conversión no fue genuina, puede notarse en el hecho de que *después* de la supuesta conversión, cometió varios asesinatos, ¡incluso el de su esposa e hijo! De acuerdo con las Escrituras, «ningún homicida tiene vida eterna» (1.ª Juan 3:15).

El primer matrimonio de Constantino fue con Minervina, de quien engendró un hijo llamado Crispus. Su segunda esposa se llamó Fausta, quien le dio tres hijas y tres hijos. Crispus, su primer hijo, se hizo un gran guerrero y ayudante de su padre en las batallas. Pero en el año 326 —poco después de dirigir el Concilio de Nicea—, Constantino hizo matar a su hijo. Dice la historia que Crispus enamoró a Fausta, mujer de su padre. Al menos esto fue lo que la mujer declaró, ¡pero esto pudo ser un ardid para deshacerse de Crispus y dar acceso al trono a los hijos del segundo matrimonio! Pero Helena, madre de Constantino, lo convenció de que fue Fausta quien se entregó a Crispus, y el emperador ordenó que ejecutaran también a su segunda esposa.[2]

Pero no fueron éstos los únicos homicidios que cometió el emperador. Casi al mismo tiempo que decretaba la muerte de su hijo, Constantino mandó matar a Licinianus, su sobrino, y a Liciano, el esposo de su hermana, ¡a pesar de que había prometido a ésta que le perdonaría la vida! [3]

---

1. El hombre y sus dioses, p. 220.
2. Historia de la Civilización - César y Cristo, p. 663.3.
3. Ibid., p. 663; Italia medieval, p. 4.

Incluso después de la supuesta conversión de Constantino, éste siguió reteniendo el título de máximo pontífice del estado religioso pagano.[1] Como pontífice tenía que dirigir las ceremonias del culto tradicional. De igual manera, cuando dedicó Constantinopla, usó ritos paganos y cristianos. Una muestra de cómo Constantino trató de mezclar el paganismo y el cristianismo, se puede ver en las monedas que se hicieron durante su período. En ellas puso una cruz (para complacer a los cristianos profesantes) mientras que en el reverso puso representaciones de Marte o Apolo. Por un lado profesaba ser cristiano y por el otro continuaba creyendo en las fórmulas mágicas paganas para proteger los sembrados y sanar las enfermedades.[2]

Constantino hizo muchos favores a la cristiandad: abolió la muerte por crucifixión, mostró interés y ayudó al clero de la Iglesia Romana, terminó con las crueles persecuciones de los cristianos. Entonces, si en verdad no fue cristiano, ¿por qué hizo estas cosas? La respuesta a esta pregunta la encontramos claramente en la historia.

Las persecuciones no habían podido eliminar la fe cristiana. Constantino sabía esto. Al ver que su posición estaba siendo puesta en peligro debido a un emperador rival y por su extrema necesidad de recibir ayuda de todos los grupos existentes, se volvió hacia los cristianos. En vez de que el Imperio estuviera «dividido» constantemente —los paganos oponiéndose a los cristianos—, ¿por qué no planear en tomar ciertas medidas necesarias para *mezclar* el paganismo y el cristianismo y de una vez *unir* el poder del Imperio? Fue esto lo que Constantino razonó. Para esta época, la mayoría de los líderes ecle-

---

1. El desarrollo de la Iglesia cristiana.
2. Historia de la Civilización, p. 656.

siásticos pensaban en términos de números y popularidad, en lugar de preocuparse por la verdad y la espiritualidad del pueblo cristiano, así que estaban bastante bien dispuestos a dar acceso al paganismo. Esto fue exactamente lo que sucedió en Roma.

Al adoptar la cruz como emblema de su ejército, Constantino pensó que podía fomentar la *unidad* de sus tropas. Los cristianos apóstatas pensaban que peleaban por la cruz de Cristo; los paganos no podían hacer reclamaciones porque la cruz era también uno de sus emblemas sagrados. El conocido historiador Durant dice: «En los ejércitos de Constantino, la cruz no podía ofender a los adoradores de Mitra [los paganos], pues por mucho tiempo habían batallado bajo el estandarte mitraico de la cruz de luz».[1] Y así los llamados cristianos y mitraístas paganos del ejército de Constantino fueron unidos y lucharon con éxito en las batallas.

Otro hecho que contribuyó al culto de la cruz en la Iglesia de Roma, se centró alrededor de Helena, la madre de Constantino. En el año 326, cuando tenía cerca de 80 años de edad —de acuerdo a la leyenda—, hizo una peregrinación a Jerusalén y allí, con la ayuda de un judío que conocía de sus gustos supersticiosos, halló tres cruces. La cruz original fue identificada —así se espera que lo creamos—, porque se dice que hizo milagros a las indicaciones de Macario, obispo de Jerusalén. Las otras dos cruces no produjeron milagros. De tal manera que Helena —siempre según la tradición histórica— halló ¡la verdadera cruz donde murió Jesús! Pero esta cruz «verdadera», sin duda alguna era falsa, pues de acuerdo con las leyes judías, era necesario quemar las cruces después de la crucifixión.[1]

---

1. Ibid., p. 655.
1. Fausset, p. 145.

Parece ser cierto históricamente que Helena visitó Jerusalén, pero la historia del descubrimiento de la cruz, fue, evidentemente, añadida más tarde, dado que no se dio a conocer sino hasta el año 440 d. de C., ¡es decir, 114 años más tarde! [2]

Supongamos que, efectivamente, alguien encontrase la cruz en la cual murió Jesús. ¿Habría virtud alguna en el trozo de madera? ¡No, en absoluto! La cruz del Calvario hizo su función tal como la serpiente de bronce hizo la suya cuando los hijos de Israel eran mordidos por las serpientes. Recordemos que Moisés tenía una serpiente de bronce, la cual levantó de un extremo. Esto fue un prototipo de cómo Cristo debería ser levantado (Juan 3:15). Sin embargo, después que la serpiente hubo hecho su función, los israelitas la conservaron y finalmente la adoraron (2.º Reyes 18:4). ¡Hicieron de ella una reliquia e intentaron copiar el uso pagano y mezclarlo en su religión! Ezechías «hizo lo recto ante los ojos de Jehová» al hacer pedazos la serpiente de bronce. De igual manera, si tuviéramos la cruz original —si aún existiese—, no habría razón alguna para elevarla como objeto de adoración. ¿Por qué? Porque ya cumplió su función. Si no hubo entonces poder en la «verdadera» cruz, ¡cuánto menos poder hay en un trozo de madera en forma de cruz! En vista de esto, es obvio que el uso de la cruz de cualquier forma o figura, como objeto de adoración, ¡es una burla al culto verdadero el cual es culto al propio Cristo!

Pero cada siglo trajo más superstición a la Iglesia Romana en cuanto a la cruz. Esta vino a ser reconocida como protectora. ¿Acaso no había ayudado a Constantino a triunfar en la batalla del Puente Milviano? ¿No había hecho milagros la cruz para Hele-

2. Enciclopedia de las religiones, Vol. 1, p. 494.

na? Por estas razones llegó a ser reconocida como una imagen que espantaba los esspíritus malignos. Se portaba como un amuleto. Se comenzó a poner en las torres de las iglesias para ahuyentar a los relámpagos. Pero debido a la altura de la cruz sobre las torres, ¡esto constituía precisamente la causa principal por la que caían más relámpagos sobre los edificios! El uso de la cruz en los hogares se hace para ahuyentar problemas domésticos y enfermedades. Al igual que los egipcios habían levantado sus obeliscos, no sólo como un símbolo de su dios, sino en algunos casos se creía que la imagen era poseedora de fuerzas sobrenaturales; el pueblo comenzó a venerar la cruz. Miles de trozos de madera —supuestamente pedazos de la «cruz original»— se vendieron como protectores y amuletos. El relato de cómo ésta y otras reliquias se elevaron a un sitio de popularidad, es dado en el siguiente capítulo.

8

RELIQUIAS DEL ROMANISMO

La grandiosa superstición que ha acompañado al uso de reliquias, revela la decepción e inconsistencia con las cuales el romanismo ha estado plagado durante siglos. Algunas de estas reliquias —como hemos de ver— son obviamente *falsas*. Parece difícil comprender que en esta época de gran conocimiento, todavía hay gente que cree en ellas. Dentro de las reliquias más comunes de la Iglesia Católica, están los supuestos pedazos de la «verdadera cruz». Pero evidentemente todas estas piezas no pueden ser parte de la cruz original, pues hay tantas derramadas por toda Europa, que podrían formar un bosque. ¡La única explicación que se puede dar a tan obvia falsedad es que las piezas se multiplicaron sobrenaturalmente, como lo hicieron los peces y los panes que fueron bendecidos por Cristo! ¡Pero nadie lo pretende!

Otras reliquias que han recibido aprobación papal a través de los siglos son las siguientes: los clavos de la cruz, la esponja que fue puesta en la boca de Cristo, el manto escarlata que se puso sobre sus hombros por los soldados burlones, la corona de espinas, la copa de la última cena, muestras del cabello de la virgen María (algunos trigueños, otros rubios, otros rojos e incluso otros negros), faldas de María, su anillo matrimonial, sus zapatos, ropas del bebé Jesús, las herramientas de carpintería de José, una de las treinta piezas de plata, la bolsa vacía de Judas, el lavamanos de Pilato, ¡y huesos del asno en que el Señor hizo su entrada en Jerusalén!

El «Tabernáculo de María Magdalena», del que se dice que contiene la toalla que usó Jesús para secar los pies de los discípulos, la manta que cubrió su rostro en la tumba, el velo de María, algunas de sus prendas, ¡y una botella de la leche de María, la madre de Jesús! [1] Se supone que la leche de María está también coloreando como adorno las paredes del sitio denominado *Vía Láctea* de Belén, ¡y piezas de roca se venden como reliquias y amuletos!

Aunque no se sabe nada de la madre de María, ni siquiera su nombre —como lo admiten los eruditos católicos—, hace cientos de años se le dio el nombre de santa Ana ¡Al poco tiempo, muchas iglesias de toda Europa afirmaban tener su cuerpo como reliquia sagrada! Uno de los cuerpos se suponía que estaba en Apte (Francia) y otro en León (España). Además, se decía que su cabeza estaba en Treir, ¡y también en Turín! [2]

Por el año 750 llegaban a Roma constantemente innumerables vagones cargados de gran número de esqueletos y cráneos. Estos eran separados, marcados y vendidos por los papas. [3] Esta venta de cadáveres y huesos se convirtió en un gran negocio. Todo novio viajero que pasaba por Roma estaba ansioso por obtener reliquias. Por las noches se saqueaban las sepulturas y a tal extremo se llegó, ¡que hombres armados hubieron de proteger las tumbas de las iglesias! «Roma —dice Gregorio— parecía un cementerio desmoronado en el cual las hienas aullaban y

1. El otro lado de Roma, p. 58.
2. Ibíd.
3. Italia medieval, p. 71.

se peleaban, mientras manos avariciosas desenterraban los cuerpos.» Hay en la iglesia de Santa Práxedes una placa de mármol, la cual tiene una leyenda que dice que en el año 817, el papa Pascual hizo sacar los cuerpos de 2.300 mártires de los cementerios de dicha iglesia!

La iglesia de Colombo (Francia) reclamaba poseer lo que se conocía como el «Santo Prepucio» (el prepucio es la pequeña porción de piel que se desprende de los bebés, cuando son circuncidados). La forma en que esta iglesia francesa llegó a obtener el supuesto prepucio de Jesús, siglos más tarde, es, naturalmente, un misterio. Sus poderes eran sumamente proclamados. Se creía que tenía el poder de transformar mujeres estériles en fértiles y proteger a las mujeres durante la concepción. Incluso Enrique V de Inglaterra creía en sus poderes, de tal manera que cuando la reina Catalina iba a dar a luz a un heredero al trono británico, hizo arreglos para conseguir el prepucio. Su esposa no tuvo complicación alguna y como consecuencia, en aprecio por la ayuda de la reliquia, el rey ordenó construir un santuario en Colombo para la protección del prepucio. La historia se divulgó y al poco tiempo otras iglesias de distintas áreas comenzaron a reclamar la posesión del «Santo Prepucio», tales como la iglesia de San Juan, en Roma, y la de Puy, en Velay.[2]

Sin duda alguna que la mayoría de estas «reliquias sagradas» han sido demostradas como fraudes. Algunos de los huesos, que en una época se afirmaba que eran de los santos y mártires, por ejemplo, han sido descubiertos como huesos de ¡animales! En España, una catedral pretendía poseer parte de un ala del ángel Gabriel cuando visitó a María. Al ser

---

1. Ibíd., p. 391.
2. El otro lado de Roma, p. 54.

examinada, ¡se supo que no era más que una gran pluma de *avestruz*! [3]

A pesar de tantas inconsistencias, ¿por qué atribuye el católico tanta importancia a las reliquias? Una de las razones es porque se cree que al colocar una reliquia en una iglesia, capilla o catedral, se «consagra» el terreno y el edificio.[1] El séptimo Concilio Ecuménico de Nicea, en el año 787, prohibió a un obispo el dedicar un edificio si no tenía presente una reliquia. El castigo por hacer lo contrario, ¡era su excomunión de la Iglesia! Tan extremada se hizo esta creencia en la Edad Media, que algunas catedrales tenían *miles* de reliquias. La iglesia del castillo de Wittemberg, en cuya puerta Lutero clavó las famosas «95 tesis», por ejemplo, poseía 19.000 reliquias santas.

¿Pero de dónde proviene la idea de que es necesaria una reliquia para «consagrar» un terreno o edificio? ¡Ciertamente no hay indicación alguna que tal creencia o práctica haya sido parte de las enseñanzas de nuestro Señor Jesús o de los apóstoles! ¡Pero sí sabemos que el uso de reliquias era definitivamente parte de la *religión pagana*!

Cuando Nimrod, el falso «salvador» de Babilonia murió, su cuerpo fue mutilado en pedazos y sus huesos fueron esparcidos por toda la región. Esta muerte tiene un fuerte contraste con la muerte del verdadero Salvador, nuesro Señor Jesucristo. Nimrod fue destrozado miembro a miembro, mientras que de Jesús se profetizó que «hueso no quebrantaréis de El». Teniendo esto presente, sigamos un poco más adelante. Cuando Nimrod supuestamente resucitó —convirtiéndose en el dios-sol—, se enseñaba que habitaba en otro cuerpo diferente, que los miembros

3. Catolicismo romano, p. 290.
1. Italia medieval, p. 71.

del viejo cuerpo habían sido dejados atrás. (Por supuesto que a esto no se le puede llamar como una resurrección en el sentido estricto de la palabra.) En el caso del Señor, hubo una *verdadera* resurrección. ¡Fue El, propiamente, quien se levantó de entre los muertos! ¡La tumba estaba vacía y no se encontraron partes de su cuerpo como reliquias!

Pero en las leyendas de la muerte del falso «salvador» Nimrod, se dice que su cuerpo fue destrozado, y sus miembros enterrados en uno y otro lado. A través del tiempo, se comenzó a creer el mito de que en ciertos lugares estaba enterrada parte del cuerpo, ¡y estos sitios eran «consagrados»!

Estas ideas se propagaron por las naciones. Pronto varios sitios en Egipto, por ejemplo, fueron considerados como sepultura del dios mártir. «En Egipto abundaban los sepulcros del dios mártir y muchos brazos, piernas y cadáveres eran proclamados como genuinos y se exhibían en los cementerios contrarios para que los adorasen los fieles egipcios.»[1]

De esta manera las peregrinaciones a tales sitios sagrados vinieron a ser parte de la religión pagana. Pero el verdadero cristiano no necesita hacer ninguna peregrinación a una tumba para adorar huesos, pues nuestro Salvador resucitó y vive para siempre! ¡La tumba de Jerusalén está *vacía*! A pesar de esto, el paganismo se había mezclado tanto con el catolicismo, que durante la Edad Media, una de las formas más populares de «limpiarse de pecado» ¡era la de hacer una peregrinación al santo sepulcro de Jerusalén!

Tampoco hay ningún fundamento en las Escrituras que apruebe las peregrinaciones a las tumbas de los santos, mártires, profetas o apóstoles. De hecho,

---

1. Las dos Babilonias, p. 179.

la forma en que el Señor dispuso que el cuerpo de Moisés fuera enterrado por seres sobrenaturales en los valles de Moab para que nadie supiera dónde estaba su sepulcro, hasta el día de hoy, indica la oposición del Señor a la idea de las peregrinaciones o la adoración de huesos (Deuteronomio 346).

La influencia de Egipto, la tierra de la cual los hijos de Israel salieron, era conocida por su idolatría. Como la tierra de Egipto era un sitio de numerosas reliquias, la sabiduría de Dios al hacer secreta la tumba de Moisés, es clara. Años más tarde, incluso la serpiente de bronce que hizo Moisés fue llamada *Nehustan* y fue adorada como una reliquia sagrada por los hijos de Israel (2.° Reyes 18:4). Pues bien, si practicaban tal idolatría con algo que Moisés había hecho, ¡mayor idolatría hubieran practicado de haber poseído uno de sus huesos! Y si Jehová se airó de tal manera porque su gente daba honor a una reliquia en aquel tiempo, ¡seguramente que tal uso de reliquias actualmente es desagradable a Jehová!

Hemos visto que muchas de las reliquias del romanismo son fraudes, y no los objetos originales que pretenden ser. Pero supongamos que en realidad tuviésemos uno de los cabellos de María o un hueso del apóstol Pablo o el manto que Jesús usó. ¿Agradaría a Dios el establecer estos objetos como reliquias sagradas? De acuerdo con el ejemplo de la serpiente de bronce de Moisés, ¡no! Si no hay virtud en el verdadero cabello, hueso o manto, ¡por lo tanto hay mucha menos virtud en un objeto fraudulento!

9

FRAUDE RELIGIOSO

La venta de reliquias, al igual que las peregrinaciones a lugares sagrados, se convirtió en un *gran negocio* para la Iglesia apóstata durante la Edad Media. El papa Bonifacio VIII declaró el año 1300 como un año de jubileo y ofreció generosas indulgencias a todo aquel que hiciera un viaje de peregrinación a la catedral de San Pedro en dicho año. Se estima que dos millones de personas lo hicieron. Depositaron tantos tesoros ante la supuesta tumba de Pedro, que dos sacerdotes estuvieron todo el día y la noche recogiéndolos con una pala.[1] ¿Pero qué hizo el Papa con ese dinero? La mayor parte fue usada para enriquecer a sus familiares, los Gaetani, quienes con el dinero compraron numerosos castillos y espléndidas haciendas en Latium. Esta acción provocó un gran resentimiento por parte del pueblo romano.[2]

Desde los días de la supuesta conversión de Constantino, la Iglesia Romana continuaba creciendo en riquezas a un paso acelerado. En la Edad Media, la

---

1. La Historia de la Civilización, Vol. 4, p. 753; Italia medieval, p. 485.
2. Ibid., p. 487.

«Iglesia» poseía ciudades enteras, grandes porciones de tierra e inmensas riquezas. Una de las formas por las cuales tales riquezas se obtuvieron, era a través de propiedades y dinero que la Iglesia «heredaba». En aquellos días, muy pocas personas sabían escribir. Por consecuencia un sacerdote era generalmente llamado para preparar los testamentos. Naturalmente, con un sacerdote escribiendo el testamento, ¡podemos estar seguros que la Iglesia Romana era siempre recordada! Y para asegurarse de la presencia de un sacerdote, en el momento en que se hacía una escritura testamental o para contar con su supervisión, el papa Alejandro III decretó en 1170 que nadie podía hacer un testamento válido, ¡excepto con la presencia de un sacerdote! Cualquier notario secular que escribía un testamento (excepto bajo estas condiciones) ¡era excomulgado! [1] Frecuentemente, la última persona que estaba con el moribundo era un sacerdote, pues de acuerdo con el dogma católico, el sacerdote debe dar los últimos ritos del llamado sacramento de la Extremaunción. En esos momentos, si no anteriormente, se entregaban al sacerdote grandes sumas de dinero por misas, etc.

Durante la Edad Media (llamada correctamente la edad *Oscura*), a toda persona nacida en las naciones católicas, se le exigía que se hiciera miembro de la Iglesia. No había nada de voluntario en ello. El que fuese nacido en una nación católica, automáticamente era católico. De la misma forma como automáticamente somos ciudadanos del país donde nacemos. También, como la mayoría de los países requieren de un pago de impuestos, igual la «Iglesia» de aquel tiempo cobraba un impuesto. Este pago a

---

1. Historia de la Civilización, Vol. 4, p. 766.

la Iglesia no se daba como una ofrenda que salía del corazón, sino que se pagaba de manera «obligatoria», un principio al cual la Biblia se opone (2.ᵃ Corintios 9:7). De todas maneras, los feligreses católicos eran obligados a pagar y esto enriqueció a la Iglesia apóstata.

A través de los siglos, el dinero adicional que se ha levantado para la Iglesia Católica, proviene del sistema de «monjas». Miles de monjas trabajan año tras año para ayudar al programa de la Iglesia apóstata. A éstas, como a las «vírgenes vestales», no se les permite contraer matrimonio. Frecuentemente viven en pobreza y gozan de poca libertad. ¡Pero continuamente entregan dinero a los obispos, cardenales y al Papa, quien vive en un elegante palacio, reina desde un trono de oro y viste ropas reales y coronas de joyas!

Otro medio de enriquecimiento de la Iglesia Católica Romana, es la venta de indulgencias, ¡perdones de pecado! La idea de que una persona pueda *comprar* con dinero el perdón de pecados —pasados, presentes o futuros—, no sólo es contraria a las enseñanzas escriturales, sino que es absolutamente contraria a la Palabra de Dios. Esta práctica es nada menos que una *blasfemia* contra la preciosa sangre de Cristo, sin la cual no hay perdón de pecados.

Uno de los desatinos de vender tales indulgencias es que los que las vendían no vivían una vida mejor que aquellos pecadores a quienes se las vendían. Por el año 1450, Tomás Gascoigne, rector de la Universidad de Oxford, se quejó de los vendedores de indulgencias de aquellos tiempos y de los abusos que acompañaban a esta práctica. Decía que los vendedores de indulgencias vagaban por la comarca y emitían una carta de perdón de pecados, si por ella recibían como pago dos peniques; algunas veces por un vaso de cerveza, por el uso de una prostituta o por algún placer carnal.[1]

Fue la venta de indulgencias y los abusos con que se acompañaban, lo que provocó que Martín Lutero comenzara lo que se conoce como la Reforma protestante. Lo sucedido en esta reforma es una historia muy interesante. Con el fin de levantar fondos para la reconstrucción de la iglesia de San Pedro, en Roma, el Papa hizo una campaña especial para vender indulgencias. Empleó a varios vendedores que ejercían «fuerte presión» para hacer sus ventas en los distintos países enviados como vendedores.

La persona elegida para vender indulgencias en Alemania fue Juan Tetzel. Había sido convicto por adulterio y conducta deshonesta en Innsbruck, en donde sus vicios casi le cuestan la vida. El emperador Maximiliano había ordenado su muerte, pero el elector Federico consiguió que se le perdonara la vida.[2] Era conocido como un hombre de conducta baja pero muy hábil como charlatán para levantar fondos, de modo que fue empleado por el Papa.

Lo siguiente es una descripción de un testimonio ocular de la entrada de Tetzel a una ciudad alemana: «Cuando el vendedor de indulgencias se acercaba al pueblo, llevaba el documento oficial del Papa delante de él en un pendón de oro y terciopelo. Todos los sacerdotes y monjes, el concilio del pueblo, los rectores de colegios, sus estudiantes y todo hombre o mujer, salían a recibirlo con estandartes, velas y cánticos formando una gran procesión. Luego, con las campanas repicando y los órganos tocando, se le acompañaba hasta la puerta de la iglesia principal. Se colocaba una cruz roja en medio de la iglesia y

1. Ibíd., Vol. 6, p. 23.
2. Historia de la Reforma, p. 70.

se ponía allí el estandarte papal. Cualquiera podría imaginarse que se estaba recibiendo al mismo Dios. Al frente de la cruz se colocaba un gran baúl de hierro para recibir el dinero y luego la gente era convencida de varias formas, ya sea por sermones, himnos, procesiones y boletines para que compraran indulgencias».[2]

Tetzel predicaba que las indulgencias eran el regalo más precioso de Dios. Tan grande era su deseo de vender, que declaró que, por virtud de sus certificados de perdón, todo pecado que quisiera cometer el comprador, si así lo deseaba, le sería perdonado y que ni siquiera había necesidad de arrepentirse.[1]

Se ha dicho que llevaba consigo una pintura del diablo atormentando las almas de los hombres en el purgatorio. Repetía frecuentemente las palabras que aparecían en la caja de dinero que portaba: *Sobald der Pfenning im Kasten Klingt, Die seel' aus dem Fegfeuer sprint*. Estas palabras, traducidas literalmente, significan: «Tan pronto como su dinero suena en el fondo de la caja, el alma atormentada en el purgatorio, vuela». Otra traducción dice: «Tan pronto como su dinero canta, el alma del purgatorio, salta».

Por este motivo, el rico daba grandes donativos y el pobre campesino vendía todo lo que tenía para ayudar a los suyos a salir del «purgatorio» o para pagar sus propios pecados.

En aquellos días, en las universidades medievales, aquellos que querían declarar ciertas opiniones las ponían como tesis al público, es decir, declaraban sus opiniones e invitaban al público a venir para dis-

---

2. Herejías de Roma, p. 84.
1. Historia de la Reforma, p. 71.

cutirlas. Siguiendo esta costumbre, Martín Lutero clavó sus famosas «95 Tesis» sobre la puerta de la iglesia-castillo de Wittenburg (Alemania). Estas eran 95 declaraciones en contra de la venta de indulgencias (como la número 72, que hace una declaración contra la afirmación de Tetzel, de que tan pronto como el dinero cae, el alma salta del purgatorio). Abusos por el estilo se  practicaban por todas partes por el Papa y la Iglesia Romana.

Por lo tanto, Lutero, aunque todavía era un sacerdote del romanismo, se opuso a la venta de indulgencias. Cuando Tetzel se enteró de esto, su cara enrojeció de ira. Proclamó las maldiciones más horribles desde el púlpito e hizo que se hicieran fogatas en las plazas públicas, ¡y declaró que había recibido órdenes del Papa para quemar a todo hereje que tratara de oponerse a sus altamente santas indulgencias! [1]

Sin embargo, la verdad triunfó y el abuso de la venta de indulgencias y otros errores del romanismo, fueron exhibidos a la luz de todo el mundo. Aunque la doctrina de indulgencias es todavía parte de las creencias de la Iglesia Católica, ¡la *venta* de indulgencias y los abusos que las acompañaban tuvieron que reducirse!

Hasta hoy en día han continuado los abusos financieros de esta forma en la Iglesia Católica Romana. Todavía se hacen pagos para que un sacerdote «ore por un ser amado para sacarlo del purgatorio». La idea de que podemos asegurar la salva-

1. Ibíd., p. 78.

vación de uno de nuestros seres queridos por medio del pago de dinero, es totalmente de origen pagano, como lo veremos más adelante. Pero además de lo escandaloso del sistema, el caso es que no hay prueba alguna de que el purgatorio exista; ¡e incluso los sacerdotes deben admitir que no hay forma de saber cuándo una persona finalmente pasa del purgatorio al cielo! Tales doctrinas, por lo tanto, ¡son crueles y malvadas! No debemos sorprendernos de que las gentes den casi todo lo que poseen, puesto que han sido enseñados desde la infancia, que estos sacerdotes pueden, a través de la oración, sacar a los seres amados de las llamas!

En realidad, cuando todos los datos pueden verse tal como son, este sistema de sacerdocio es peor que cualquier sistema de juego, peor que un fraude y más desalmado que los métodos empleados por criminales, que chantajean a través de falsas acusaciones. El aprovecharse, por chantaje, del cariño y recuerdo de una persona en duelo por seres amados y ganar dinero en esto, es realmente un chantaje horrible que se hace en nombre de la religión. Sin embargo, la mayor parte de las riquezas de la Iglesia Católica se han obtenido por estos métodos. No pocas veces nuestro Salvador condenó abiertamente tales prácticas. Habló de sacerdotes (escribas y fariseos) que «coméis las casas de las viudas y por pretexto hacéis largas oraciones» (Mateo 23:14). Aún así, un sacerdote católico irá a una viuda —que acaba de perder a su esposo— y en su dolor por esta pérdida le dirá que su esposo está en el purgatorio y que si le ama debe pagar dinero para que él ore y pueda sacarlo de las llamas de su tormento y llevarlo al cielo. En tales ocasiones, y debido a la presión del momento, le han sido entregadas a la Iglesia Católica grandes sumas de dinero.

Una *misa mayor* puede costar mil dólares (o más), depende de las flores y candelabros y del número de sacerdotes que tomen parte en ella. Esta es cantada en voz alta. La *misa menor* es menos costosa, y se usan sólo seis velas, diciéndose en voz baja. Los irlandeses tienen un dicho: «Dinero mayor, misa mayor; dinero menor, misa menor; no dinero, no misa».

Si los parientes de una persona difunta no tienen dinero o rehúsan pagar por las misas, sus muertos son llamados «almas olvidadas del purgatorio». Sin embargo, el 2 de noviembre, «Día de los Difuntos», cada año se ofrecen oraciones por estas almas olvidadas. En ese día se les pide a los miembros de la Iglesia Católica que contribuyan con dinero para la Misa de Requiem, la cual es dicha en este día para aliviar los sufrimientos de las almas olvidadas por sus familiares.

¿Hay, pues, alguna forma por la cual un católico pueda asegurarse de que alguien va a pagar misas a su favor después de su muerte? Sí, puede asegurarse de esto uniéndose a la «Sociedad Purgatorial», establecida en 1856. Debe contribuir a este fondo con una cuota por lo menos una vez al año, y de esta manera puede estar seguro que al morir se elevarán oraciones en su favor.

Durante la Segunda Guerra Mundial, el arzobispo de Winnipeg (Canadá), en una carta fechada el día 1.º de mayo de 1944, urgió a todas las madres católicas romanas para *garantizar* la salvación de sus hijos del purgatorio previo pago a él de la suma de 40 dólares para tener oraciones y misas por ellos.

Pero según las Escrituras, es imposible para nosotros el redimir un alma a través de pagos en su nombre. No importa qué cantidad se pague, *nunca* podrá redimirse a nadie. La Biblia claramente dice que «*no* somos rescatados con cosas corruptibles, como oro o plata, *sino* con la sangre preciosa de Cristo, como de un cordero sin mancha y sin contaminación» (1.ª Pedro 1:18-19). Amigos, ¡es solamente al allegarnos a Cristo y recibir la purificación de su preciosa sangre que podemos ser redimidos! El enseñar que el *dinero* puede redimir, es una burla a la sangre de Cristo, la cual es lo único que nos limpia de todo pecado (1.ª Juan 1:7).

La Biblia dice que «un rico difícilmente entrará en el reino de los cielos» (Mateo 19:23-24). Pero de acuerdo con el dogma católico, si un hombre tiene suficiente dinero para pagar por la celebración de misas en su nombre, será escoltado al cielo. Así que, en este caso, las enseñanzas del romanismo son opuestas a lo que el Señor enseñó. ¡Piénselo bien!

La Biblia dice que «los que confían en sus haciendas y en la muchedumbre de sus riquezas, se jactan; ninguno de ellos podrá en manera alguna redimir al hermano, ni dar a Dios su rescate» (Salmos 49:6-7). Pues bien, si el dinero no puede redimir a nuestro hermano que vive, ¿cómo podría redimirlo si estuviere muerto?

Ya sea pagano, papal, protestante o pentecostal, no hay sacerdote o predicador que pueda garantizar la salvación de nadie, vivo o muerto, por la cantidad de dinero que haya dado para oraciones a su favor. ¡Dios no se deja comprar con dinero; esto es algo que El aborrece! ¡Ay del predicador que dé la impresión de que una persona pueda enviarle dinero y entonces, a través de oraciones todos los queridos de ella serán salvos o bienaventurados en cualquier forma especial! Ningún hombre puede hacer esto y ser honesto, porque el dinero no puede comprar las bendiciones ni los dones de Dios.

Pedro sabía esto cuando Simón el mago pensó que podía «comprar» el don de Dios con dinero. Pedro le reprendió: «Tu dinero perezca contigo, que piensas que el don de Dios se compra con dinero» (Hechos 8:20). La Biblia expone claramente ¡que el dinero *no puede* comprar la salvación o dones de Dios! Ciertamente, el pago de dinero por oraciones nunca podrá liberar a nadie del purgatorio, ¡incluso en el supuesto de que tal lugar existiera!

Los primeros cristianos del Nuevo Testamento nunca profesaron creer en un sitio como el purgatorio. La palabra no aparece en ninguna parte de la Biblia. La idea del purgatorio y oraciones por almas para que salgan de él no eran conocidas en la Iglesia profesante de ninguna forma hasta el año 600 d. de C., cuando el papa Gregorio el Grande hizo declaraciones de un *tercer* estado, un lugar para la purificación de las almas antes de su entrada al cielo. Esto no fue aceptado como dogma católico sino hasta 1459, en el Concilio de Florencia. Noventa años más tarde, el Concilio de Trento confirmó este dogma maldiciendo a aquellos que no aceptaran tal doctrina.[1]

Durante el siglo XII se propagó una leyenda del purgatorio, la cual ayudó a incrementar la idea. ¡Se proclamó que san Patricio había encontrado la verdadera entrada a este sitio! De acuerdo a la leyenda, san Patricio —para convencer a los que dudaban— hizo excavar un hoyo muy profundo en Irlanda, al cual descendieron varios monjes. Cuando regresaron, dice la historia que describieron el purgatorio y el infierno de una forma vívida. En 1153, el caballero irlandés Owen declaró que también había descendido a través del hoyo al bajomundo y el relato de sus experiencias tuvo un gran éxito. Venían turistas de grandes distancias a visitar la entrada. Sin embargo, los abusos financieros que se desarrollaron

---

1. **Herejías de Roma**, p. 82.

llegaron a ser tan grandes, que el papa Alejandro VI ordenó cerrarlo en 1497,[1] afirmando que era un fraude. ¡Tres años más tarde, sin embargo, el papa Benedicto XIV predicó y publicó en Roma un sermón *en favor* del purgatorio de Patricio![2]

Muchas historias ridículas de después de la muerte fueron esparcidas durante la Edad Media. Eran usadas para atemorizar a las masas analfabetas y muchas de estas ideas, tales como la doctrina del purgatorio, han continuado de generación en generación. Pero el verdadero *origen* de la idea del purgatorio, ¡proviene del paganismo *mucho antes* de la Era Cristiana! Acudiendo a la historia, al pasado, encontramos que estas ideas formaron parte de las religiones y filosofías paganas. Platón, por ejemplo, quien vivió en los años 427 a 347 a. de C., habló de los maestros Orficos de sus días, «...quienes iban a las puertas de los ricos y trataban de persuadirlos de que ellos tenían un poder a su disposición, el cual recibían del cielo, que les permitía, a través de sacrificios y encantamientos, enmendar cualquier crimen cometido por el individuo o sus antepasados... Sus misterios nos sacan de los tormentos del otro mundo, mientras que el ignorarlos es castigado terriblemente».[3] Aquí vemos una descripción clara del purgatorio, tres siglos antes del nacimiento de nuestro Señor Jesucristo.

Hay una elaborada ilustración del sufrimiento en el purgatorio, en los escritos sagrados del budismo. Hubieron épocas cuando eran *tantos* los budistas chinos que iban a comprar oraciones de escape por sus deudos en el purgatorio, que hubo necesidad de levantar tiendas especialmente para esto (véase ilustración).

---

1. La historia de la Civilización, p. 735.
2. Enciclopedia de religiones, Vol. 2, p. 159.
3. El hombre y sus dioses, p. 127.

En la religión de Zoroastro las almas son llevadas a través de doce distintos estados antes de que estén suficientemente purificadas para entrar al cielo y los estoicos concibieron un sitio de aprendizaje al cual llamaron Empurosis, es decir, un sitio de fuego.[1] Los musulmanes también enseñan la doctrina del purgatorio. Su enseñanza es que los ángeles Munnker y Nekir les hacen preguntas acerca de su religión y del profeta Mahoma cuando mueren. Si no contestan correctamente, van al purgatorio. Sin embargo, ¡si el sacerdote musulmán es pagado con «suficiente» dinero, las almas son libradas!

Que esta idea de dar dinero por los difuntos es de origen *antiguo*, puede verse en la misma Biblia. En el Antiguo Testamento Dios amonestó a su pueblo a no mezclar ideas paganas en su culto. Dentro de las cosas que les fueron prohibidas, se destaca el no dar dinero «por los muertos» (Deuteronomio 26:14). Lo que indica que la idea de beneficiar a los muertos por el pago de dinero, ya existía en tan temprana edad, ¡y que Dios advirtió en contra de ello!

De modo que la idea de un purgatorio, en una u otra forma, es muy antigua, y, como lo anota el escritor de las dos Babilonias, «en todos los sistemas religiosos, *excepto el de la Biblia,* la doctrina del

---

1. Enciclopedia Británica, Vol. 22, p. 660, edición 11va.

purgatorio, después de la muerte y oraciones por los muertos, ha sido aceptada».² ¿Pero de dónde proviene la idea del purgatorio en esta variedad de religiones?

Es muy probable que la creencia en el purgatorio fue nada más que un desarrollo de ideas asociadas con el antiguo culto a Moloch. Parece que las distintas naciones paganas tenían la idea de que el fuego era el representante terrenal del dios-sol. Tales ideas del fuego fueron conectadas con el antiguo culto solar. Fue esta falsa creencia en los poderes de limpieza del fuego, que estaba tras los ritos abominables de pasar los hijos por el fuego de Moloch. Sobre este rito, Dios mandó a su pueblo: «...y no des de tu simiente para hacerla pasar *por el fuego* a Moloch» (Levítico 18:21, Jeremías 32:35 y 2.º Reyes 23:10). Pero ni el pasar por el fuego de Moloch, ni pasar por el fuego del purgatorio pueden limpiar al hombre del pecado. ¡Se necesita para ello la sangre de nuestro Señor Jesucristo!

Moloch era otro nombre de Bel o *Nimrod*.¹ Los ritos de Moloch sin duda eran *babilónicos*. Este era conocido como el dios-fuego y uno de los significados del nombre de *Tammuz* (supuestamente el renacido Nimrod), es *Tam* (perfecto) y *Muz* (por fuego). Ahora comenzamos a ver el *verdadero* significado de la idea

2. Ibid., p. 167.   1. Fausset.

básica de purificación por fuego y su origen. Estos mismos conceptos paganos se desarrollaron más tarde en la idea del purgatorio. Esta idea se propagó por las naciones y finalmente, junto con otras ideas paganas, fue absorbida dentro de la Iglesia Católica Romana.

Los ritos en conexión con este falso dios Moloch eran muy crueles y malvados. Era adorado «con sacrificios humanos..., con mutilaciones, votos de celibato y virginidad y dedicación del primogénito, que era quemado en los brazos o dentro del vientre del horrible ídolo de bronce convertido en un horno. En la ilustración, el sacerdote pagano ha tomado el bebé de brazos de su madre para ofrecérselo a Moloch. Se hacía un gran ruido de tambores para apagar los gritos de la víctima. (La palabra para tambor es *tophim*, de la cual proviene la palabra *tophet*, que se menciona varias veces en la Biblia como el valle donde eran hechos estos sacrificios.) Mientras que los tambores resonaban, las bandas tocaban y los sacerdotes cantaban. Los sacrificios humanos eran devorados por el fuego.

Qué lástima da el saber que hay gente que piensa que es necesario pagar por nuestros pecados con dinero o ritos tan crueles. Pero qué grandioso es saber las buenas nuevas de la Biblia, la cual nos dice que el precio ya ha sido pagado por nuestro Señor Jesucristo. La salvación es por gracia, como un don inmerecido y gratuito de Dios, y no la podemos comprar con dinero, ritos humanos o sacrificios. «Porque por gracia sois salvos por la fe, y esto no de vosotros, pues es don de Dios; no por obras, para que nadie se gloríe» (Efesios 2:8-9).

---

2. Fausset, p. 481.

10

¿FUE PEDRO EL PRIMER PAPA?

Al frente de la Iglesia Católica Romana está el Papa de Roma. Este hombre, de acuerdo con la doctrina católica, es la cabeza de la Iglesia y sucesor del apóstol Pedro. De acuerdo a esta creencia, Cristo eligió a Pedro como el primer Papa, quien entonces fue a Roma y sirvió en este puesto durante veinticinco años. Comenzando con Pedro, la Iglesia Católica reclama una sucesión de papas hasta el día de hoy y sobre esta creencia está construida la fundación de la Iglesia Católica en su *totalidad*. ¿Pero enseñan las Escrituras el que Cristo haya ordenado a *un* hombre por encima de todos en la Iglesia? ¿Reconocieron los primeros cristianos a Pedro como tal? La respuesta a estas preguntas es ¡no! Las Escrituras enseñan claramente que había una *igualdad* dentro de los miembros de la Iglesia de Cristo y que El «es la Cabeza de la Iglesia» (Efesios 5:23), ¡no el Papa!

Jacobo y Juan, junto con su madre, fueron al Señor una vez pidiendo que uno de ellos se sentara a la derecha y el otro a la izquierda en su reino (en los reinos orientales, los dos ministros principales del estado, segundos en autoridad tras el monarca, eran sentados uno a la derecha y otro a la izquierda). Bien, si la declaración católica fuera verdadera, Jesús les hubiera contestado que ya había otorgado el lado derecho a Pedro, ¡y que no pensaba crear sitio para nadie en su izquierda! Pero, sin embargo, he aquí la respuesta que Jesús les dio: «Sabéis que los príncipes de los gentiles se enseñorean sobre ellos y los que son grandes ejercen potestad sobre ellos» (Mateo 20:20-26 y Marcos 10:35-43).

En otras palabras, Jesús les dijo a sus discípulos que no debían actuar como reyes. ¡Ellos no eran para ponerse coronas, sentarse en tronos, ni asemejarse a los reyes gentiles! Pero todas estas cosas han hecho los papas a través de los siglos. En esta declaración, nuestro Señor dice claramente que ninguno de ellos debía hacerse grande sobre los demás. Por el contrario, les enseñó la igualdad, negando claramente los principios que involucra el tener a un Papa reinante sobre la Iglesia, como el «obispo de obispos».

El hecho de que debía haber igualdad entre los apóstoles, se ve también en Mateo 23:4-10. En este pasaje Jesús amonestó a los discípulos contra el uso de títulos como el de «padre» (la palabra papa significa «padre»), rabino o maestro, «...porque uno es vuestro Padre, el cual está en los cielos» y «...porque uno es vuestro Maestro, el Cristo», y «...todos vosotros sois hermanos». Ciertamente, la idea de que uno de ellos debiera ser exaltado a la posición de Papa está en desacuerdo completamente con estos textos.

Pero a los católicos romanos se les enseña que Pedro era tan superior a los otros discípulos, ¡que la Iglesia entera fue edificada sobre él! El versículo que usan para apoyar esta declaración, es Mateo 16:18: «Mas yo también te digo que tú eres Pedro y sobre esta piedra edificaré mi Iglesia; y las puertas del infierno no prevalecerán contra ella».

Sin embargo, si tomamos este versículo en su contenido, podemos ver claramente que la Iglesia no fue construida sobre Pedro, sino sobre *Cristo*. En los

115

versículos anteriores, Jesús preguntó a sus discípulos sobre lo que decían los hombres que El era. Unos que Juan el Bautista, otros que Elías, otros que Jeremías y algunos decían que era uno de los profetas. Entonces Jesús les preguntó: «...y vosotros, ¿quién decís que soy?» Y Pedro contestó: «Tú eres el Cristo, el Hijo de Dios *viviente*». Entonces Cristo contestó: «Tú eres Pedro [*petros*, una piedra, una pequeña roca], y sobre esta piedra [*petra*, una masa rocosa, la gran roca de fundación, o sea, la gran verdad que Pedro expresó] edificaré mi Iglesia». La Roca sobre la cual la verdadera Iglesia había de ser edificada, era conectada con la expresión de Pedro —«Tú eres el Cristo»— y así la verdadera fundación sobre la cual la Iglesia fue construida, fue sobre el mismo Cristo, no sobre Pedro.

Hay otros versículos que indican muy claramente quién es la verdadera roca de fundación; sabemos con entera seguridad que no fue Pedro, pues éste mismo declaró que Cristo era la roca de fundamento (1.ª Pedro 2:4-8). Dijo también el apóstol a los líderes israelitas que Cristo era la piedra «reprobada por vosotros los edificadores» y que «no hay otro nombre en quien podamos ser salvos...» (Hechos 4:11-12). La Iglesia fue construida sobre Cristo. El es el verdadero fundamento y no hay otro. «Porque nadie puede poner otro fundamento que el que está puesto, el cual es Jesucristo» (1.ª Corintios 3:11).

Es obvio que los otros discípulos no tomaron las palabras de nuestro Señor —«sobre esta piedra edificaré mi Iglesia...»— como que estaba exaltando a Pedro para ser su papa, pues dos capítulos más adelante le preguntaron a Jesús acerca de quién sería el *mayor* (Mateo 18:1). Si anteriormente Jesús hubiera declarado a Pedro como aquél sobre el cual se habría de edificar la Iglesia; si este verso probara, que Pedro habría de ser el Papa, ¡entonces los discípulos hubieran sabido naturalmente quién era el mayor entre ellos y no lo hubieran preguntado!

No fue sino hasta la época de Calixto, obispo de Roma del año 218 al 233, que Mateo 16:18 fue usado primeramente como un intento de probar que la Iglesia fue fundada sobre Pedro y que el obispo de Roma era su sucesor.

Comparemos más de cerca a Pedro con los papas, ¡y veremos concretamente que Pedro no fue papa!

1. Pedro era casado. El hecho de que Pedro fuera un hombre *casado* no armoniza con la posición católica romana de que el Papa debe ser soltero. Las Escrituras nos dicen que *la suegra de Pedro* fue sanada de una fiebre (Marcos 1:30 y Mateo 8:14). ¡Naturalmente que Pedro no podía tener suegra, si no tuviera esposa!

Sin embargo, algunos tratan de explicar esta discrepancia diciendo que Pedro cesó de vivir con su esposa. Si así fue, ¿entonces su esposa lo dejó? ¿Por qué? ¿Fue acaso incompatibilidad de caracteres? ¿O tal vez él la dejó? Si así fue, entonces fue un desertor. En cualquiera de ambos casos, ¡fue una pobre fundación sobre la cual construir una Iglesia!

Pero la Biblia indica claramente que Pedro ¡no dejó a su esposa! Veinticinco años después de que Jesús regresase al cielo, el apóstol Pablo menciona que los diferentes apóstoles tenían esposas —incluso Cefas (1.ª Corintios 9:5). Cefas era el nombre en arameo de Pedro (Juan 1:42). Obviamente, Pedro no había abandonado a su esposa.

2. Pedro no permitía que un hombre se le arrodillara a sus pies. Cuando Pedro entró a la casa de Cornelio, leemos que «Cornelio salió a recibirle y derribándose a sus pies, adoró. Mas Pedro le levantó diciendo: Levántate, yo mismo también soy hombre» (Hechos 10:25-26). ¡Esto difiere mucho de lo que

hubiera hecho y dicho un papa! Los hombres se humillan ante el Papa y él se complace en esto.

3. Los papas colocan la *tradición* en igual sitio que la Palabra de Dios. Pero Pedro —al contrario— tenía poca fe en las «tradiciones de vuestros padres» (1.ª Pedro 1:18). El sermón de Pedro en el día de Pentecostés estaba lleno de la Palabra de Dios, no de tradiciones de hombres, y cuando las gentes preguntaron qué debían hacer para agradar a Dios, Pedro les dijo: «Arrepentíos y *bautícese* cada uno de vosotros en el nombre de Jesucristo para perdón de los pecados y recibiréis el don del Espíritu Santo» (Hechos 2:38).

4. Pedro no fue papa ni portó corona alguna. Pedro mismo explicó que el pueblo de Dios no debía usar coronas en esta vida, pero «cuando apareciese el Príncipe de los pastores, vosotros recibiréis la corona incorruptible de gloria» (1.ª Pedro 5:4). Hasta entonces, no hemos de portar corona ninguna. Y dado que Cristo no ha regresado, ¡la corona que el Papa usa, no ha sido puesta sobre él por Cristo!

En resumen, Pedro nunca actuó como papa. Nunca vistió como papa, nunca habló como papa, nunca escribió como papa, y el pueblo jamás se dirigió a él como tal. ¿Por qué? ¡Porque Pedro no era papa!

Probablemente en los primeros días de la Iglesia, Pedro tomó una posición preeminente entre los apóstoles. Esto no lo negamos. Fue Pedro quien predicó el primer sermón después de descender el Espíritu Santo en el día de Pentecostés y tres mil almas fueron añadidas al Señor ese día. Después fue Pedro quien primeramente llevó el Evangelio a los gentiles. Siempre que encontramos una lista de los doce apóstoles en la Biblia, Pedro es siempre el primero en mencionarse (Mateo 10:2, Marcos 3:16, Lucas 6:14 y Hechos 1:13). ¡Pero ninguno de estos casos, ni siquiera usando mucha imaginación, indica que Pedro fuese el papa u obispo universal de los obispos!

Aunque aparentemente Pedro tomó el sitio más sobresaliente dentro del apostolado en un principio, Pablo, años más tarde, es quien parece haber tenido el ministerio más notorio. Como escritor del Nuevo Testamento, por ejemplo, Pablo escribió 100 capítulos con 2.325 versículos, mientras que Pedro sólo escribió 8 capítulos con 166 versos. De modo que el ministerio de Pablo tuvo un alcance superior al de Pedro.

En Gálatas 2:9, Pablo escribió de Jacobo, Pedro (Cefas) y Juan como columnas de la Iglesia Cristiana. Pero Pablo pudo decir: «En nada he sido menor que los sumos apóstoles, aunque soy nada» (2.ª Corintios, 12:11 y 11:5,). Pero si Pedro hubiese sido el pontífice *supremo*, el Papa, ¡entonces, ciertamente, Pablo hubiera sido algo menor que Pedro! Obviamente no fue este el caso. Luego, en Gálatas 2:11, leemos que Pablo le llamó la atención a Pedro «...porque era de condenar». ¡De esto podemos deducir que Pedro no era considerado como un papa «infalible»!

Fue Pablo «el apóstol de los gentiles» (Romanos 11:13), en tanto que el ministerio de Pedro fue encaminado hacia el evangelio de la «circuncisión», es decir, a los judíos (Gálatas 2:7-9). Este solo hecho parece prueba suficiente de que Pedro no fue obispo de Roma, como se enseña a los católicos, porque Roma era una ciudad gentil. Todo esto es sumamente significativo; especialmente cuando consideramos que el fundamento total del catolicismo romano está basado en la declaración de que Pedro fue el primer obispo romano.

Se pretende que Pedro fue a Roma por el año 41 d. de C., y fue martirizado alrededor del 66 d. de C., ¡pero ni tan siquiera existe la menor prueba de que Pedro estuviera en Roma! Al contrario, es evidente, en el Nuevo Testamento, que estuvo en Antioquía, Samaria, Cesarea, Joppe y en otros sitios, ¡pero *nunca* dice que fuera a Roma! Esta es una extraña omisión, ¡especialmente cuando recordamos que Roma era la capital del Imperio y se la tenía como la ciudad más importante del mundo!

Sin embargo, dicen los católicos romanos que Pedro sufrió martirio allí después de un pontificado de

veinticinco años. Si aceptamos el año 66 d. de C. como la fecha de su martirio, esto indicaría que fue obispo de Roma desde el año 41 al 66 d. de C. Pero en el año 44 d. de C., Pedro se hallaba en el Concilio de Jerusalén (Hechos 15). Cerca del 53 d. de C. Pablo se reunió con él en Antioquía (Gálatas 2:11), cerca del 58 d. de C., Pablo escribió su carta a los cristianos de Roma, en la cual envía saludos a 27 personas, pero ni siquiera menciona a Pedro. ¡Imagínese usted a un misionero escribiendo a la iglesia, saludando a los 27 miembros principales pero sin mencionar al pastor!

Ante la estatua que figura en esta fotografía se han postrado miles de personas. Se supone que es la estatua de Pedro; pero, como hemos de ver, en realidad tan sólo es un ídolo de origen no cristiano.

Con un estudio profundo de las Escrituras, encontramos que Pedro no fue obispo de Roma, que no fue el primer Papa y que el oficio papal no fue instituido por Cristo. Entonces, ¿cuál es el verdadero origen de tal oficio y por qué tratar de unir a Pedro con Roma?

Estas cosas las discutiremos en el capítulo que sigue.

11

ORIGEN PAGANO DEL OFICIO PAPAL

Nimrod, el rey y fundador de Babilonia, no fue solamente su líder político, sino también el líder religioso o rey-sacerdote. Desde Nimrod descendieron una línea de reyes-sacerdotes, cada cual al frente del oculto misterio religioso de Babilonia. Esta línea de sucesión continúa hasta los días de Belsasar, de quien leemos en la Biblia. Muchos saben del banquete que celebró en Babilonia, cuando apareció la mano misteriosa que escribió en la pared. Pero pocos saben que esta reunión no era simplemente un banquete social, ¡sino una reunión *religiosa*! Las sucias y abominables prácticas de esta ocasión eran parte de las ceremonias religiosas de los misterios babilónicos, de los cuales Belsasar era la cabeza. La Biblia dice acerca de este festival religioso: «Bebieron vino y alabaron a los dioses de oro y de plata, de metal, de hierro, de madera y de piedra». (Daniel 5:4). Para colmar la blasfemia de la ocasión, tomaron su vino en los vasos sagrados del Señor, ¡los cuales habían sido tomados de la casa de Dios en Jerusalén! Este hecho de *mezclar* lo sagrado con lo pagano, ¡trajo el juicio inmediato de Dios! Babilonia fue sentenciada a ser destruida.

En el curso del tiempo, la ciudad de Babilonia fue completamente destruida. La vieja ciudad

122

está ahora en ruinas, deshabitada y desolada (Jeremías 50:39 y 51:62). Hoy día hay un ferrocarril que va de Bagdad a Basra, el cual pasa cerca de las ruinas. Hay un letrero en inglés y árabe que dice «Apeadero de Babilonia».  Por allí circulan trenes para recoger pasajeros. Los únicos son, empero, turistas que van a ese lugar a inspeccionar las ruinas. Aunque la ciudad fue destruida, en la actualidad existen aún indicios de la antigua religión babilónica.

Después que Roma conquistó el mundo, el paganismo que se había propagado desde ella y se había desarrollado en varias formas, fue mezclado dentro del sistema religioso de Roma, incluyendo la idea del pontífice supremo o *Pontifix Maximus*. Así, el paganismo babilónico, que había sido ejercido originalmente por Nimrod, fue incorporado a la religión romana bajo el liderazgo de Julio César. Fue en el año 63 a. de C., que Julio César fue reconocido oficialmente como el *Pontifix Maximus* de la religión de los misterios, establecida a la sazón en la Ciudad Eterna. Como es bien conocido, este título y oficio pasaron a cada uno de los emperadores romanos y tuvo vigencia por espacio de muchos años.

Para ilustrar cómo fue usado este título por los césares, mostramos aquí una moneda antigua de Roma perteneciente a César Augusto (27 a. de C. a 14 d. de C.) que muestra su título como el de *Pont-Max*, es decir, *Pontifix Maximus*, la cabeza de los misterios

paganos. Es interesante notar que monedas de este tipo estaban en circulación durante los días del ministerio terrenal de nuestro Señor. «...y ellos le presentaron un denario. Entonces les dice: ¿De quién es esta figura y lo que está escrito en ella? Y ellos le dijeron: De César» (Mateo 22:17-22).

Otros emperadores (incluso Constantino) continuaron teniendo este oficio hasta el año 376 d. de Cristo, cuando el emperador Graciano, por razones cristianas, rehusó ser el *pontífice máximo*, pues se dio cuenta de que tal título y oficio eran idólatras y blasfemos.

Sin embargo, para esta época, el obispo de Roma había escalado ya una posición de prestigio y poder políticos. ¿No consideraban muchos a Roma la ciudad más importante del mundo? Entonces, ¿por qué su obispo no podía ser el «obispo de los obispos» y *cabeza* de la Iglesia? De esta manera razonaron muchos de los líderes religiosos mundanos en este período. Y así, cuantos más compromisos se establecían entre el cristianismo y el paganismo, el obispo romano llegó a ocupar un lugar preeminente. No sólo es considerado como una persona importante por la Iglesia apóstata, sino que al haber mezclado tanto paganismo en la Iglesia Romana, ¡era también aclamado por los mismos paganos! Así, en el año 378, Demaso, obispo de Roma, fue elegido *Pontífice Máximo*, ¡el alto sacerdote oficial de los misterios babilónicos!

Tan ingeniosa fue esta mezcla, esta unión de paganismo con cristiandad, ¡que *un* hombre fue reconocido por *ambos* grupos —paganos y cristianos— como la *cabeza!* Era reconocido por la «Iglesia» como el obispo de obispos, mientras que los paganos lo reconocían como el *Pontifix Maximus*, cuyo oficio ejecutaba realmente. Para esta época, a través de los años, las fuentes del paganismo y cristianismo se juntaron produciendo lo que actualmente es conocido como la Iglesia Católica Romana encabezada por el Supremo Pontífice o *Pontifix Maximus:* ¡el Papa!

Del mismo modo que los césares usaron el título de *Pont-Max*, asimismo han hecho los papas. Este título es hallado con facilidad en todas las inscripciones habidas en el Vaticano: sobre la entrada de la catedral de San Pedro, sobre la estatua  de «Pedro» en la cúpula, sobre la entrada de la «Puerta del Año Santo», la cual se abre sólo durante los años de jubileo, etc. La medalla que adjuntamos fue impresa por el papa León X antes de la Reforma e ilustra una de las formas que el título *Pont-Max* (Pontífice Maximo) fue usado por los papas. (Compárese con la moneda romana en páginas anteriores.)

¿Pero cómo puede ser un hombre, al mismo tiempo, cabeza de la Iglesia y cabeza de los misterios paganos, como pontífice supremo? Tratando de encubrir esta contradicción, líderes religiosos buscaron la similitud dentro de las dos religiones. Sabían que si encontraban, aunque fueran *pocos*, algunos puntos de relación entre ambos lados, podrían convertirlos en *uno*, porque para esa época, la mayoría no se preocupaba por la verdad...; su deseo estaba puesto en los *números* y en el *poder político*. La verdad era secundaria.

Incluso encontraron otra semejanza: el pontífice supremo del paganismo llevaba el título caldeo (babilónico de פתר; es decir, *peter* o intérprete. ¡Intérprete de los misterios![1] Aquí, pues, había una

---

1. Isis descubierta, Vol. 2, p. 29; Parkhurt's Lexicon Hebreo, p. 602.

oportunidad para los líderes de esa época de «cristianizar» la oficina pagana del *Pontifix Maximus*, la oficina del obispo de Roma —el Papa— de hoy en día. Al asociar la palabra *peter* de Pedro el apóstol con el gran intérprete de Roma (aunque no había conexión alguna entre ambos), podía dar al oficio pagano una apariencia *superficial* de cristiandad.

Pero esto presentaba ciertos problemas. Para hacer que el apóstol Pedro fuera el Pedro de Roma, cosa difícil, dado que los intérpretes de los misterios, los supremos pontífices, habían estado desde épocas anteriores conectados con Roma, ¡era necesario afirmar que el apóstol Pedro había ido a Roma! Y esta es la verdadera razón por la cual —a partir del siglo IV y no antes— empezaron a ser propagadas muchas historias con intentos de probar que Pedro fue a Roma.[1] Y al enseñar esto pudieron unir el paganismo y el cristianismo bajo el liderazgo del supremo pontífice, el padre de padres, o el Pedro de Roma, ¡el intérprete de los misterios de Roma! «Y así, para los ciegos cristianos de la apostasía, el Papa llegó a ser el representante de Pedro el apóstol, mientras que para los paganos era el representante del intérprete de sus bien conocidos *misterios*.»[2]

Luego buscaron otras similitudes para asociar a Pedro el apóstol con la oficina del *Pontifix Maximus*. Una de ellas tuvo que ver con las *llaves*. Por espacio de casi mil años, el pueblo romano había creído en las «llaves» míticas, las llaves simbólicas del dios pagano Janos y de la diosa Cibeles.[3] Desde antiguas épocas, las «llaves» habían sido símbolos de la religión de los misterios en varios sitios y formas. El bramán, pontífice supremo de la India, por ejemplo, era reconocido como el poseedor de las «llaves»

---

1. Hislop, p. 210.
2. Ibíd.
3. Ibíd., p. 207.

y portaba en su corona dos llaves cruzadas.[4] El mitraísmo, una de las ramas principales de los misterios que llegaron a Roma, mostraba a su dios-sol, Mitra, portando dos llaves como símbolo de la autoridad.[5]

Cuando todo esto fue absorbido por Roma y los emperadores reclamaron ser los sucesores de los «dioses» y los pontífices supremos de los misterios, las llaves también llegaron a ser un símbolo más de su autoridad. De manera que cuando el obispo de Roma, el Papa, llegó a ser el supremo pontífice, por el año 378 d. de C., automáticamente pasó a poseer las llaves míticas. Esto le ganó al Papa reconocimiento por parte de los paganos. ¿Pero cómo podría ser esto asociado con la cristiandad? Nuevamente líderes apóstatas de la Iglesia vieron una oportunidad de mezclar a Pedro dentro de la historia. ¿Acaso no le había dicho Jesús a Pedro «Y a ti te daré las llaves del reino de los cielos»? (Mateo 16:19). Sin embargo, no fue sino hasta el año 431 que el Papa, públicamente, proclamó que él poseía las llaves de autoridad que le habían sido dadas a Pedro. Esto fue más de cincuenta años *después* de que el Papa llegara a ser el supremo pontífice, el poseedor de las llaves. Evidentemente, las llaves que el Papa usa como insignia de su autoridad espiritual, son las llaves míticas del paganismo y no el símbolo original de las llaves que Jesucristo le dio a Pedro. (Como uno de los muchos ejemplos de cómo estas llaves son presentadas como símbolo de la autoridad papal, véase el abanico en las siguiente páginas.)

Algunos han *forzado* la Escritura en lo que se refiere a Pedro recibiendo las «llaves del reino» hasta tal punto que ven a Pedro como el portero del cielo que decide quién entra y quién no entra. Esto es

---

4. Isis descubierta, p. 30.
5. El hombre y sus dioses, p. 129.

muy similar a las ideas del dios pagano Janos, puesto que é s t e era quien guardaba las puertas en la mitología romana. Janos, con llave en mano, aparece en el grabado con dos caras, una de apariencia joven y la otra de viejo (aludiendo al mito de que Nimrod viejo encarnó en Tammuz joven).

Las llaves que dio nuestro Señor a Pedro no fueron llaves materiales para una puerta material. La llave fue dada a Pedro y a todos los demás discípulos que el Señor envió a predicar el *mensaje del Evangelio*. Y a través de esta predicación del evangelio que les fue dado, podrían los hombres ser salvos y tener entrada en el glorioso Reino de Dios.

Adelantándonos un poco, es interesante notar que no sólo eran las llaves un símbolo de Janos, sino también un ave que se «consagraba» a él, el *gallo*.[1] Así como las llaves de Janos fueron adoptadas como símbolo papal y más tarde asociadas con Pedro, también fue usado el gallo en un nuevo intento de armonizar ideas paganas con eventos de la vida de Pedro. ¿Acaso no había cantado el gallo en la noche que Pedro negó al Señor? (Juan 18:27). Había, pues, aquí otra similitud —aunque muy vaga—, ¡pero incluso ésta fue usada para hacer el oficio pagano del *Pontifix Maximus*, el alto sacerdote de Janos, aparentar semejanza con Pedro!

Este título de supremo pontífice o *Pontifix Maxi-*

6. Enciclopedia de Religiones, Vol. 2, Art. «Janos».

mus, el cual lleva el Papa, obviamente no es cristiano pues fue llevado por los emperadores paganos de Roma antes de la era cristiana. ¿Cuál era el significado de este título? Como es bien sabido, «pontífice» viene de las palabras *Pons*, que significa «puente», y *Facio* (hacer). La palabra pontífice quiere decir «constructor de puentes». Los reyes sacerdotales o emperadores de los tiempos paganos eran considerados como los constructores y guardianes de los puentes de Roma para proteger la ciudad de invasiones. Como supremos sacerdotes de la religión romana en esos días paganos, el título en su significado original tenía un simbolismo religioso: cada uno de estos reyes-sacerdotes reclamaba ser el puente o conexión entre esta vida y la venidera.

¡Entonces, evidentemente, el título Pontífice no tenía nada que ver con el *verdadero* cristianismo! Era simplemente el título de los reyes-sacerdotes paganos. Aun así, los papas continúan llevando este título hasta el día de hoy. Este simple hecho nos demuestra cuánta influencia tuvo el paganismo en la «Iglesia» de Roma. La rama de los misterios babilónicos que llegó a Roma (por vía de Persia) era conocida como mitraísmo. Su influencia creció en Roma hasta que llegó a ser —en una época— casi la única fe del Imperio.[1] En esta rama de los misterios, el líder del sacerdocio era llamado el *Pater Patrum*, es decir, el «Padre de los Padres». Adoptando este título, la cabeza del catolicismo romano es el Papa, el padre de los padres.[2] ¡El «Padre» o líder de los misterios (anterior a la era cristiana) tenía su posición en Roma y asimismo el «Padre» o líder de la Iglesia Católica, tiene su centro en Roma!

Además de esta evidencia, hay muchas más prue-

---

1. Ibid., p. 545.
2. El paganismo de nuestra cristiandad, p. 145; El hombre y sus dioses, p. 252.

bas de que el Papa *no* es el sucesor del apóstol Pedro, sino el sucesor de la línea de sumos sacerdotes del paganismo que tuvo su origen en Babilonia. Los costosos y altamente decorados vestidos que usan los papas, demuestran que el oficio  de Papa es de origen pagano, pues estas vestiduras eran copiadas de las que lucían los emperadores romanos ¡y no de los apóstoles! Los historiadores no han permitido que este hecho continúe sin ser notado, pues verdaderamente su testimonio es que «las vestiduras del clero eran testimonio de la Roma *pagana*».[1]

La *tiara* que usan los papas, aunque decorada en formas diferentes y de diferentes edades, es idéntica en su *forma* a la usada por los «dioses», que se muestran en las viejas tablas paganas de Asiria.[2]

La mitra usada por los papas (y algunas veces por los cardenales y obispos) tiene aún un origen más interesante, ¡un origen que nos provee de otra clave para revelar la identidad de la Babilonia de hoy y el verdadero origen del oficio papal! En el famoso cuadro de Rubens podemos ver la ilustración de Teodosio y Ambrosio (siglo IV).

1. La historia de la Civilización, Vol. 4, p. 745.
2. Símbolos paganos antiguos y cristianos modernos, pp. 63, 64.

Nótese la forma del ornamento que usa Ambrosio.
¡Ciertamente no hay indicación alguna de que esta
mitra hubiese sido usada alguna vez por Cristo o por
sus apóstoles! La mitra usada por Aarón y los altos
sacerdotes judíos era completamente diferente de
ésta, puesto que ellos usaban un turbante. El tipo
de mitra usada en la última ilustración no es conocido en las Escrituras. ¿De dónde proviene este tipo
de mitra que usan los papas?

Recordemos que el falso «salvador» de Babilonia
en los «misterios» era representado en varias formas
y símbolos. Una de esas formas misteriosas era la
de un *pez*. En esta forma, Nim-
rod, el civilizador de Babilo-
nia, era conocido como *Oan-
nes*, o como *Dagón* (*Dag* significa «pez»), y de ahí el «Dios-
Pez». El estudiante de las Escrituras sin duda recordará lo
odioso que fue a los ojos de
Jehová este culto pagano de
Dagón originado en Babilonia.[1]
El culto a Dagón se hizo espe-
cialmente popular entre los idólatras filisteos (Jueces 16:21-30 y 1.º Samuel 5:5-6). Antiguos monumentos muestran frecuentemente a Dagón representado
como mitad hombre y mitad pez, tal como aparece
en la ilustración adjunta.

Otra forma en que Dagón es representado puede
verse en la siguiente ilustración (segunda figura, de
izquierda a derecha). Esta es la forma en que era
pintado en esculturas de Mesopotamia (Babilonia).[2]
Y, como lo indica Layard en *Babilonia y Nínive*, la
cabeza del pez formaba una *mitra* sobre la cabeza

1. Enciclopedia de religiones, p. 502.
2. Símbolos paganos antiguos y cristianos modernos,
pág. 21.

del hombre, mientras que sus faldas caladas y en forma de manto dejaban al descubierto sus manos y pies.[3] Aquí, pues, como en tiempos antiguos, la mitra terminaba en punta como la quijada de un pez, brevemente abierta; ¡sin duda alguna, el prototipo de la mitra usada actualmente por el Papa!

Más tarde, la figura del cuerpo del pez fue quitada y sólo se usó la mitra en forma de cabeza de pez  para adornar la cabeza del gran dios mediador. En varias monedas paganas de Malta, este dios (cuyas características son idénticas a las de Osiris, el Nimrod egipcio), es representado sin el cuerpo de pez y sólo muestra la cabeza del pez (véase la ilustración). El que esta mitra era usada en el culto babilónico es evidente, pues está escrito que los sacerdotes caldeos también usaban un cetro en forma de cabeza de pez.[1] Y es este mismo el tipo de mitra pagana que el Papa —el supremo pontífice de la moderna Babilonia— usa en la actua-

---

3. **Babilonia y Nínive**, p. 343.
1. **Dos Babilonias**, p. 216.

lidad. Este cetro puede verse en el dibujo que se acompaña del papa Pablo VI mientras daba su sermón de «paz» durante su histórica visita a los Estados Unidos, en el año 1965. (La fotografía que se inserta unas páginas más adelante, muestra al Papa luciendo un refinado modelo.)

Como dijo el notable escritor Hislop, refiriéndose a la mitra papal, «la mitra en doble pico que usa el Papa cuando está sentado en el altar supremo de Roma recibiendo pleitesía de los cardenales, es idéntica a la usada por Dagón, el dios-pez de los filisteos y babilonios».

En el *anillo* usado por el Papa puede verse, también, otra identificación entre éste y el viejo paganismo. H. A. Ironside dice que el Papa es «el sucesor directo del sacerdote supremo de los misterios babilónicos y el siervo del dios-pez Dagón, por quien usa, como sus antecesores paganos, el anillo del pescador». Pues bien, como hemos visto una y otra vez, los líderes de la Iglesia apóstata buscaban similitudes dentro del sistema pagano que pudieran aplicarse al cristianismo y unir así ambos sistemas. Cuando hallaban algo trataban de unirlo en la forma menos obvia. En este caso, como Pedro fue *pescador* durante un tiempo, el pueblo fue enseñado que este anillo del dios-pez inscrito con el título *Pontifix Maximus*, era el anillo de Pedro el pescador. Pero el apóstol Pedro nunca usó anillos de este tipo, como tampoco nadie se postró ante él para besarle el anillo. Lo más probable que ni siquiera hubiera tenido nunca uno, pues en cierta ocasión dijo: «Ni tengo oro ni plata» (Hechos 3:6).

Otra clave que nos puede ayudar a resolver el misterio de la Babilonia moderna puede ser visto en el uso del palio por la Iglesia Católica Romana. El palio que usa el Papa puede verse en la ilustración adjunta. Los diccionarios lo definen como una sombrilla usada por 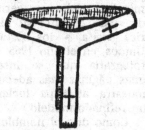 el alto clero *pagano* de Grecia y de Roma *antes* de la Era Cristiana, y que es empleado hoy en día por el Papa en numerosas ocasiones. Aquí, pues, hay más pruebas de paganismo mezclado con la Iglesia apóstata.

El palio es hecho de lana blanca, la cual es tomada de dos corderos que han sido «bendecidos» en la basílica de Santa Ignacia, en Roma. Como un símbolo de que los arzobispos también participan en la plenitud de la oficina papal, el Papa les envía el palio. Pero antes de enviárselo, es puesto sobre la supuesta tumba de Pedro por espacio de una noche. ¡Este  rito no es más que una copia del paganismo que se practicaba entre los antiguos griegos!

Otro intento de asociar al Papa con el apóstol P e d r o puede verse en la f o r m a en que la Iglesia Romana declaró poseer la llamada *Cátedra* de san Pedro, o «Silla» de Pedro (véase la ilustración). «Hasta 1662 —dice Bower— tenían los romanos la creencia de que el apóstol había hecho construir esta silla y se había sentado en ella. Y esta silla en la que se suponía se había sentado Pedro, fue expuesta al público para que la venerara... en el festival de la silla. Pero desafortunadamente, mientras se limpiaba para situarla en algún lugar del Vaticano, aparecieron en ella las doce obras de Hércules.»[1]

La *Enciclopedia Católica* muestra una fotografía de esta silla y menciona que las láminas del frente muestran fabulosos animales de la mitología así como también las «obras de Hércules».[1]

Teniendo en cuenta que los labrados paganos referentes a Hércules están en la silla, es interesante notar una declaraciión hecha en otro volumen de la *Enciclopedia Católica:* «Gilgamesh, el cual la mitología transformó en un Hércules babilónico..., sería entonces la persona designada en la Biblia como *Nimrod».*[2] En esta declaración Nimrod es comparado con el Hércules que aparece en la llamada «silla de Pedro». Considerando todas estas cuestiones, no hay ninguna razón para creer que la silla tuvo un origen cristiano.

Una comisión científica nombrada por el papa Pablo VI, en julio de 1968, declaró que *ninguna* parte de esta silla era de la era apostólica (midiendo la actividad radioactiva del carbón en la madera, puede determinarse la fecha en que se cortó el árbol). En el informe oficial de los datos carbónicos y otras pruebas, se ha podido comprobar que la silla data a lo sumo del siglo IX.

Hace muchos siglos se halló en Roma una estatua del dios pagano Júpiter. La grandiosa estatua de

---

1. Bowers, Historia de los papas, Vol. 1, p. 7.
1. Vol. 3, p. 554.
2. Artículo «Babilonia».

bronce fue alterada y se la nombró como de «san Pedro».[3] Hasta hoy en día, la estatua es vista con profunda veneración. Tanto es así, que el pie de la estatua ha sido *besado* tantas veces por los devotos

3. Isis descubierta, p. 25.

feligreses, que los dedos de ésta están gastados casi por completo.*

La fotografía de la página siguiente muestra al fallecido papa Juan XXIII acercándose a besar la estatua, la cual fue ataviada con lujosas vestiduras y puesta sobre su cabeza una corona papal para esa ocasión.

Esta práctica de besar a un ídolo o estatua es de origen *pagano*, ¡el mismo paganismo condenado por la Biblia! Como hemos visto, el culto a *Baal* no era nada más que el antiguo culto a *Nimrod* en forma divina (como dios-sol). ¡Y la práctica de besar una estatua suya era una vieja costumbre! ¿Qué dice la Biblia acerca de esto? En los días de Elías, multitudes se habían arrodillado ante Baal y le habían besado. Idéntico rito sobre el cual estamos hablando. «Y yo —dijo Jehová— haré que queden en Israel siete mil; todas rodillas que no se arrodillaron ante Baal y bocas que no le besaron» (1.º Reyes 19:18). Arrodillarse y besar a un ídolo era parte del culto a Baal.

En una de sus formas misteriosas, Nimrod (encarnado en el joven Tammuz), era representado como un becerro. Y así, en el Antiguo Testamento, cuando el pueblo de Dios fue tras otros dioses, se hicieron estatuas de becerros, las adoraron y las *besaron*. «Y ahora añadieron a su pecado y de su plata se han hecho según su entendimiento, estatuas de fundición, ídolos, toda obra de artífice acerca de las cuales dicen a los hombres que sacrifican, que *besen* los becerros» (Oseas 13:1-3).

¡De modo que no debemos pensar que es extraño que junto con otras prácticas que fueron incor-

---

Nota. — Cuando el emperador León, en 628, publicó un edicto contra el uso de pinturas o estatuas religiosas en el culto, la estatua de Júpiter (llamada Pedro) fue objeto de acusación especial como se puede ver en la carta que el papa Gregorio le escribió al emperador León.

poradas dentro del catolicismo, el *besar un ídolo* ha venido a ser también parte del sistema! Pero para aquellos que comprenden el «misterio», ya no lo es más, sino que se hace obvio que la misma estatua que era adorada en la Roma pagana, como *Júpiter* (nombre romano a la forma de Tammuz), se encuentra hoy en día *posando* como san Pedro, y el mismo rito pagano de besar y adorar al ídolo continúa hoy día. ¡Y no debemos maravillarnos de que el Papa sea besado también en el pie, pues realmente él es representante no de Cristo ni de Pedro, sino de la religión babilónica!

Así como los ritos de besar un ídolo fueron adoptados del paganismo, en la religión católica romana lo fue la costumbre de llevar en andas a las imágenes en procesiones religiosas que son puramente paganas en su origen y forman parte importante de las ceremonias católicas. En el siglo VI a. de C. una imagen de la diosa Ishtar (Semiramis) fue llevada en andas con gran pompa y ceremonia desde Babilonia hasta Egipto.[1] Esta práctica de procesiones de ídolos era parte de los ritos en Grecia, Egipto, Etiopía, México y muchas otras naciones paganas de los antiguos tiempos.

¿Qué dice la Biblia acerca de esta práctica? La Biblia nos indica la pérdida de tiempo de aquellos que piensan que algo bueno puede venir de los ídolos, objetos tan faltos de poder que *tienen* que ser *cargados*. Isaías, refiriéndose directamente a los ídolos (dioses) de Babilonia, dijo así: «Sacan oro del talego y pesan plata con balanzas, alquilan un platero para hacer un dios de ellos; y humillándose, le adoran. Se lo echan sobre los hombros, lo llevan y lo sientan en su lugar; y allí se está y no se mueve

---

1. Artículo «Imágenes e ídolos», Hastings.

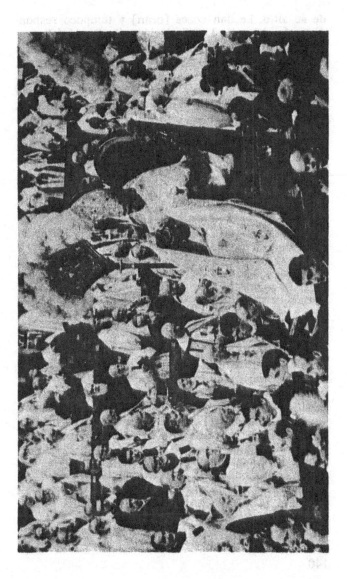

de su sitio. Le dan voces [oran] y tampoco responde, ni los libra de la tribulación» (Isaías 46:6-7).

No solamente han continuado estas procesiones en la Iglesia Católica Romana, en las cuales se lleva en andas a los ídolos, sino que el Papa, de igual forma, es llevado en andas. Y de la misma manera que la Biblia dice que los paganos usaban su oro y plata en sus dioses, ¡asimismo se usan todas estas riquezas con el Papa! Y así como los ídolos eran cargados en procesiones en las que el pueblo se «postraba» y adoraba, hoy, el pueblo católico se postra ante el Papa cuando pasa sentado sobre su trono que, como ya hemos dicho, es llevado en andas.

Hay hombres que cargan al Papa, el dios del catolicismo, sobre sus hombros en procesiones religiosas (véase foto). Estas procesiones, no sólo son condenadas por las Sagradas Escrituras, sino que son una continuación del viejo paganismo. Hace más de tres mil años, esta misma práctica era conocida en Egipto y formaba parte de sus ritos paganos. La ilustración de la página 93 muestra cómo el antiguo rey-sacerdote de Egipto era cargado a través de devotas multitudes, portado por doce hombres. Una comparación de la procesión papal de hoy en día y la procesión pagana de hace más de tres mil años, muestran que una es copia de la otra.

Nótese también en la corte del rey-sacerdote de Egipto, el uso del *fabelo*, un gran abanico hecho de plumas. Este más tarde vino a ser conocido como el «abanico místico de Bacchus». Así como este abanico estaba en la procesión del rey sacerdote pagano, estos abanicos son traídos con el Papa en varias ocasiones. Como dice la *Enciclopedia Británica*, «En el caso de ceremonias solemnes [el Papa], es cargado en la sede, una silla portátil de terciopelo rojo con un alto respaldo y escoltada por dos *fabelli* de plumas».[1] El hecho de que estos abanicos se originaron en el paganismo egipcio, es claro y admitido incluso por escritores católicos.[2]

Podemos ver entonces, cómo la práctica pagana de las procesiones, de la cual el punto principal es el rey-sacerdote llevado en andas y acompañado de los abanicos místicos, ha continuado hasta el presente en la moderna Babilonia, la Iglesia Católica Romana. Todas estas cosas, el uso del palio, la mitra con cabeza de pez, las «vestimentas babilónicas», las «llaves» místicas, el título de «pontífice» y la historia de cómo los papas llegaron a recibir tales objetos y tales títulos, todo ello junto nos provee de «pruebas concretas» de que el oficio papal es un oficio pagano. Añadiendo el hecho de que Cristo nunca estableció este oficio en *su* Iglesia, nos da a entender claramente que el Papa no es el vicario de Cristo o el sucesor del apóstol Pedro.

1. Vol. 22, Art. «Papa», p. 81.
2. Los Papas - La historia de cómo son escogidos, elegidos y coronados, p. 108.

12

INMORALIDAD PAPAL

Además de la conclusión evidente a que hemos llegado, el carácter y la moral de muchos de los papas, nos revela claramente que no son los sucesores de Cristo o de Pedro, ¡sino sucesores de un sacerdocio pagano! Muchos de los papas eran tan depravados en sus acciones, que los que no profesaban ninguna religión, se avergonzaban de ellos. Pecados tales como el adulterio, sodomía, violación, asesinato y borrachera, han sido cometidos por muchos papas a través de la historia. Estamos conscientes de que el atribuir esta clase de pecados a quienes proclaman ser el «Santo Padre», «Vicario de Cristo» y «obispo de obispos», ha de ser alarmante para algunos. Pero el que ha estudiado la historia de los papas, comprende claramente que muchos lo han sido todo menos hombres santos.

El papa Sergio II, que reinó del 904 al 911, obtuvo la oficina papal por medio del asesinato. Los anales de la Iglesia de Roma hablan sobre su vida en pecado con Marozia, una conocida prostituta de esa época, quien le engendró varios hijos ilegítimos.[1] Este papa fue descrito por Baronio y otros escritores eclesiásticos como un «monstruo» y por Grego-

---

1. El sacerdote, la mujer y el confesional, p. 138.

rio como un «criminal aterrorizante». Dice un historiador: «Por espacio de siete años este hombre ocupó la silla de san Pedro, mientras que su concubina, imitando a Semíramis madre, reinaba en la corte con tanta pompa y lujuria, que traía a la mente los peores días del viejo Imperio».[2]

Refiriéndose a otra, dice: «Esta mujer —Teodora de nombre—, junto con Marozia, la prostituta del Papa, llenaron la silla papal con sus hijos bastardos y convirtieron su palacio en un laberinto de ladrones».[3] Y así, comenzando con el reino del papa Sergio, vino el período (904-963), conocido como «el reinado papal de los fornicarios».

Teodora hizo papa a Juan X (914-928). Este había sido enviado a Ravena como arzobispo, pero para satisfacer sus deseos carnales, lo hizo volver a Roma y lo hizo nombrar papa. Su reinado tuvo un fin súbito, cuando Marozia lo asesinó.

Marozia quería deshacerse de Juan X para, de esta manera, poder llevar a León IV (928-929), al oficio papal. Su reinado fue muy breve, pues éste también fue asesinado por Marozia cuando ésta se enteró de que este había entregado su cuerpo a una mujer más descarada que ella.[1]

Poco después llevó a su propio hijo ilegítimo (de Sergio III) al trono papal.[2] ¡El muchacho era todavía un adolescente! Tomó el nombre de Juan XI.

---

2. Italia medieval, p. 331.
3. Manual bíblico de Halley, p. 774.
1. El sacerdote, la mujer y el confesional, p. 138.

Pero durante un altercado con los enemigos de su madre fue azotado y puesto en prisión en donde lo envenenaron y murió.

En el año 955 el nieto de la prostituta —después de varios encuentros sangrientos— pudo tomar posesión del trono pontificio bajo el nombre de Juan XII. Llegó a ser tan corrompido que los cardenales se vieron obligados a hacer cargos contra él. Este rehusó a presentarse para contestar a las acusaciones y en vez de esto, ¡los amenazó con excomulgarlos a todos! Aun así le hallaron culpable de varios crímenes  y pecados, incluyendo los siguientes: hizo prender fuego a varios edificios, bebió un brindis dedicado al demonio, jugó a los dados e invocó la ayuda de los demonios, obtuvo dinero por medios injustos y fue enormemente inmoral.[3] Tan viles fueron sus acciones, que incluso el notable obispo católico romano de Cremorne, Luitprand, dijo de él: «Ninguna mujer honesta se atrevía a salir en público, porque el papa Juan no tenía respeto a mujeres solteras, casadas o viudas, puesto que él faltaba al respeto aun a las tumbas de los santos apóstoles, Pedro y Pablo».

Levantó la ira del pueblo al convertir el Palacio Laterano en «una casa de prostitución pública»[1] y fue descrito por el *Liber Pontificalis*[2] con las siguientes palabras: «Pasó toda su vida en adulterio». Fi-

2. Patrologine latinae, Vol. 136, p. 900.
3. El otro lado de Roma, p. 114.
1. Patrologine Latinae, Vol. 136, p. 900.
2. Vol. 2, p. 246.

nalmente, su vida terminó mientras cometía adulterio: el furioso esposo de la mujer lo mató.[3]

El papa Bonifacio VII (984-985) mantuvo su posición a través de cuantiosas distribuciones de dinero robado. El obispo de Orleans se refirió a él (y también a Juan XII y León VIII), como «monstruos de culpabilidad, llenos de sangre y suciedad», y como «Anticristos sentados en el templo de Dios». Además, Bonifacio fue un asesino. Hizo que el papa Juan XIV fuera encarcelado y envenenado. Cuando el papa Juan murió, el pueblo romano arrastró su cuerpo desnudo por las calles. La sangrienta masa humana que había sido un papa, fue dejada a los perros. A la mañana siguiente, sin embargo, algunos sacerdotes lo enterraron secretamente.[4]

Bonifacio asesinó al papa Benedicto VI estrangulándolo. El papa Silvestre II lo llamó «un horrendo monstruo que sobrepasó a todo mortal en su maldad».[5] Pero, evidentemente, el papa Silvestre no era mucho mejor, pues la *Enciclopedia Católica* dice que «... el pueblo le consideraba como un mago pactando con el diablo».[6]

Enseguida, vino el papa Juan XV (985-996) quien dividió las finanzas de la Iglesia entre sus familiares,[7] lo que le trajo la reputación de ser «codicioso, de torpes ganancias y corrompido en todas sus acciones».[8]

Benedicto VIII (1012-1024) «compró el oficio de papa por medio de chantaje». El siguiente papa, Juan XIX (1024-1033), también compró el papado y

---

3. Italia medieval, pp. 331, 336.
4. Enciclopedia Católica. El otro lado de Roma, p. 115.
5. Sacrorum Conciliorum, Vol. 19, p. 132.
6. Vol. 14, p. 372.
7. Liber Pontificalis, Vol. 2, p. 246.
8. Annali d'Italia, Vol. 5, p. 498.

pasó por toda la escala de títulos eclesiásticos reconocidos, en un solo día. Después de esto, Benedicto IX (1033-1045) fue elegido papa, siendo apenas un niño de 12 años, por medio de arreglos monetarios con las poderosas familias que manejaban a Roma. Este papa-niño creció en la maldad y «cometió homicidios y adulterios en pleno día; hizo robar a peregrinos en las catacumbas de los mártires. Fue un horrendo criminal a quien el pueblo desterró de Roma.[1]

Finalmente, la compra y venta del cargo papal se hizo tan común y la corrupción tan pronunciada que los gobernantes seculares tuvieron que intervenir en el nombramiento de los papas. Enrique III, emperador de Alemania, eligió a Clemente II (1046-1047), que era un clérigo alejado de la corte papal porque «ningún sacerdote romano pudo ser hallado limpio de corrupción de simonía y de fornicación», declaró un historiador.[2]

Muchos de los papas fueron asesinos, pero sin duda alguna Inocencio III (1194-1216) sobrepasó a todos sus predecesores en homicidios. Durante su reinado, Inocencio (el cual era todo menos «inocente»), hizo asesinar a más de un millón de supuestos «herejes». El promovió la más infame y diabólica acción en la historia de la humanidad, la Inquisición. Por espacio de más de 500 años, los papas usaron la Inquisición para poder mantener el poder. Solamente Dios sabe cuántas personas fueron asesinadas al no estar de acuerdo con las enseñanzas de la Iglesia Católica Romana.

Muchos de los papas fueron asesinos, pero sin duda alguna Inocencio III (1194-1216) sobrepasó a todos sus predecesores en homicidios. Durante su reinado, Inocencio (el cual era todo menos «inocen-

---

1. Italia medieval, p. 349, Manual bíblico Halley, p. 775.
2. Ibid.

te», hizo asesinar a más de un millón de supuestos «herejes». El promivió la más infame y diabólica acción en la historia de la humanidad, la Inquisición. Por espacio de más de 500 años, los papas usaron la Inquisición para poder mantener el poder. Solamente Dios sabe cuántas personas fueron asesinadas al no estar de acuerdo con las enseñanzas de la Iglesia Católica Romana.

El papa Bonifacio VIII (1294-1303) —otro de la negra lista medieval— practicó la brujería.[3] Llamó

mentiroso e «hipócrita» a Cristo, profesó ser ateo, negó la vida futura y fue un homicida y un pervertido sexual. Oficialmente dijo lo siguiente: «El darse placer a uno mismo, con mujeres o con niños, es tanto pecado como frotarse las manos».[4] Y —aunque parezca imposible— él fue quien escribió la bula *Unam Sanctum*, en la cual declaró oficialmente que la Iglesia Católica es la *única* y «verdadera» Iglesia ¡fuera de la cual nadie puede salvarse! Fue este papa tan inmoral quien declaró oficialmente: «Nosotros afirmamos y declaramos definiti-

---

3. Durant, Vol. 6, p. 232.
4. **Historia de los concilios de la Iglesia, Libro 40, Artículo 697.**

147

vamente que es necesario para la salvación, que todo ser humano sea sujeto al pontífice de Roma».

Fue durante el reinado de este papa, cuando Dante visitó Roma. Describió el Vaticano como el «alcantarillado de la corrupción», y puso a Bonifacio (junto con los papas Nicolás III y Clemente V) en «las profundidades del infierno».

Durante el período de 1305 a 1377, el palacio papal estuvo situado en Avignon (Francia). Durante esta época, Petrarca declaró que dicho establecimiento papal era un lugar de «violación, adulterio y toda clase de fornicación». Y debido a que los papas eran tan inmorales, no debemos sorprendernos de que los sacerdotes no fueran mejor que ellos. Como consecuencia, en muchas parroquias los feligreses insistían en que los sacerdotes tuvieran concubinas «como protección para sus propias familias».[1]

En el Concilio de Constanza, tres papas y algunas veces cuatro, se insultaban todas las mañanas, acusándose los unos a los otros de anticristos, demonios, adúlteros, sodomitas, enemigos de Dios y del hombre. Uno de estos «papas», Juan XXII (1410-1415), compareció ante el Concilio para dar cuenta de su conducta. «Fue acusado por 37 testigos (obispos y sacerdotes, en su mayoría) de fornicación, adulterio, incesto, sodomía, hurto y homicidio.» Y se probó con una legión de testigos que había seducido y violado a 300 monjas. Su propia secretaria, Niem, dijo que en Bolonia mantenía un harén donde no menos de doscientas muchachas habían sido víctimas de su lujuria.[2] Por todo ello el Concilio lo halló culpable de 54 crímenes de la peor categoría; le depuso del papado, y, para no verse condenado a lo que se merecía, el indigno papa optó por huir.

---

1. Manual bíblico Halley, p. 778.
2. El sacerdocio, la mujer y el confesionario, p. 139.
3. La historia de la civilización, Vol. 6, p. 10.

El registro oficial del Vaticano ofrece de este hombre esta información sobre su inmoral reinado: «Su señoría, papa Juan, cometió perversidad con la esposa de su hermano, incesto con santas monjas, tuvo relaciones sexuales con vírgentes, adulterio con casadas y toda clase de crímenes sexuales... entregado completamente a dormir y a otros deseos carnales, totalmente adverso a la vida y enseñanzas de Cristo... Fue llamado públicamente el *Diablo encarnado*».[1] Para aumentar su fortuna, el papa Juan puso impuestos a todo, incluyendo la prostitución, el juego y la usura.[2] Se le ha llamado con frecuencia «el más depravado criminal que se haya sentado en el trono papal».

Del papa Pío II (1458-1464) se dice que fue el padre de muchos hijos ilegítimos. «Hablaba en público sobre los métodos que usaba para seducir a las mujeres, aconsejaba a los jóvenes y hasta ofrecía instruirlos en métodos de autoindulgencia.»[3] Pío fue seguido de Pablo II (1464-1471), quien mantenía una casa llena de concubinas. Su tiara papal estaba tan cuajada de joyas, que sobrepasaba el valor de un palacio.

Vino después el papa Sixto IV (1471-1484); éste tuvo dos hijos ilegítimos de su manceba Teresa a los cuales hizo cardenales.[4] Financió sus guerras vendiendo posiciones eclesiásticas al más alto postor,[5] y «usó el papado para enriquecerse él y sus familiares. Hizo cardenales a ocho de sus sobrinos, aunque algunos de ellos era aún niños. En cuanto al lujo y extravagancias, rivalizó con los césares. El y sus fa-

1. Sacrorum Conciliorum, Vol. 27, p. 663.
2. La historia de la civilización, Vol. 6, p. 10.
3. Manual bíblico Halley, p. 779.
4. Anual histórico de la Iglesia universal, Vol. 2, p. 905.
5. Durant, Vol. 6, p. 13.

miliares sobrepasaron a las antiguas familias romanas tanto en riquezas como en pompa».[6]

El papa Inocencio VIII (1484-1942) tuvo dieciséis hijos de varias mujeres. No negó que fueran sus hijos engendrados en el Vaticano.[7] Como muchos otros papas, multiplicó los oficios clericales y los vendió por vastas sumas de dinero. Incluso permitió corridas de toros en la plaza de San Pedro.

Vino más tarde Rodrigo Borgia, quien tomó el nombre de Alejandro VI (1492-1503) y ganó su elección al papado mediante chantajes con los cardenales, práctica común en aquellos días. Antes de ser papa, cuando aún era cardenal y arzobispo, vivió en pecado con una mujer llamada Vanozza dei Catanei y después con la  hija de ésta, Rosa, con la cual tuvo cinco hijos. En el día de su coronación nombró a su hijo —joven de temperamento y hábitos viles— como arzobispo de Valencia.[1]

Vivió en incesto público con sus dos hermanas y con su propia hija y era el padre y amante de su hija Lucrecia, de quien se dice tuvo un hijo.[2]

El 31 de octubre de 1501 realizó una orgía sexual en el Vaticano, que no ha tenido parangón alguno en los anales históricos de la humanidad.[3]

En cuanto al papa Pablo III (1534-1549), incluso la revista de signo católico *Life* dijo que siendo car-

6. Manual bíblico Halley, p. 688.
7. Ibid.
1. Historia de la Reforma, p. 11.
2. El sacerdocio, la mujer y el confesionario, p. 139.
3. Diarium, Vol. 3, p. 167.

denal había tenido 4 hijos y en el día de su coronación celebró el bautismo de sus dos bisnietos; que eligió a dos de sus sobrinos adolescentes como cardenales, realizó festivales con cantantes, bailarinas, bufones y buscó ayuda de astrólogos.[4]

El papa León X (1513-1521) fue elegido para 27 oficios diferentes clericales antes de tener 13 años de edad. Fue enseñado a considerar los cargos eclesiásticos sólo como un medio de ganancia.[*] Con su producto compró el cargo y declaró que el quemar a herejes era una orden divina.

Fue durante esos días que Martín Lutero, siendo aún sacerdote de la Iglesia Romana, viajó a Roma. Al ver por primera vez la Ciudad de las Siete Colinas, cayó al suelo diciendo: «Santa Roma, te saludo». No había pasado mucho tiempo en dicha ciudad, cuando pudo darse cuenta de que Roma era todo menos una ciudad santa. Pudo ver que la iniquidad existía en todas las clases del clero. Los sacerdotes contaban chistes indecentes y usaban palabras profanas, incluso en la misa. Lutero describió a los papas de la época como peores en su conducta que los emperadores paganos y explica que los banquetes de la corte papal eran servidos por doce mujeres desnudas.[1] «Nadie puede imaginarse los pecados tan infames y los actos que son cometidos en Roma —dijo—; tienen que ser vistos y escuchados para ser creídos. Tanto es así, que se acostumbra a

---

4. «Life», revista del 5 de julio de 1963.
* Es bien notorio que en la Edad Media los cargos eclesiásticos, incluyendo obispados, eran adjudicados con frecuencia como prebendas o dotes, sin ser ejercidos personalmente. El ejercicio de los mismos era alquilado por una renta fija a sustitutos, sin que el titular hiciera apenas acto de presencia en las diócesis e iglesias que le habían sido adjudicadas.
1. Drarium, Vol. 3, p. 167.

decir: "Si hay un infierno, Roma está construida sobre él".»[2]

Un día, durante la visita de Lutero a Roma, vio una estatua en una de las vías públicas que conducen a San Pedro, que le llamó la atención, pues era de una papisa, y junto con el cetro y la mitra papal, tenía un niño en sus brazos. Era la estatua de la papisa Juana. «Estoy sorprendido —dijo Lutero— de cómo los papas permiten que la estatua permanezca allí.»[3] Cuarenta años más tarde, después de la muerte de Lutero, dicha estatua fue quitada por orden del papa Sixto V.[4]

¿Quién fue este papa femenino al que la estatua representaba? Se dice que nació en la tierra del Rhin, en Ingleheim. Fue aclamada en Mainz por su sabiduría y más tarde se disfrazó de hombre para entrar en el célebre monasterio de Fulda (entre Frankfurt y Bebra). Se dice que también estudió en Inglaterra y Atenas y después recibió la posición de profesora de la *Schola Græcorum* de Roma, antiguo colegio de diáconos. Allí ganó tanta influencia como hombre, que fue elegida papa. Sin embargo, después de un pontificado de dos años, un mes y cuatro días, fue descubierta su condición de mujer: mientras formaba parte de una procesión, dio a luz a un niño y murió. Fue en este sitio donde se erigió la estatua del papa femenino.[1]

En tiempos recientes, la historia de la papisa Juana ha sido discutida. Por razones obvias, Roma ha tratado de ocultarlo; sin embargo, antes de la época de la Reforma, la cual expuso tanto pecado en la Iglesia Romana, la historia era parte de las crónicas

---

2. Historia de la Reforma, p. 56.
3. Ibíd., p. 59.
4. Ecumenismo y romanismo.
1. Italia medieval, p. 392, etc.

y conocida por obispos e incluso por los mismos papas.[2] El papa Anastasio, por ejemplo, la menciona en su escrito *Historia de los pontífices romanos*.[3] De hecho, todos los libros de historia de antes de la Reforma mencionan a la papisa Juana o en texto o en el margen.[4] Se discute que hasta el siglo xv los papas tenían que pasar por un examen físico para que el caso de la papisa —el papa femenino— no se volviera a repetir. Obviamente, la idea de un papa femenino rompe la doctrina católica de la «sucesión apostólica» y, por lo tanto, es natural que la Iglesia Romana trate de ocultar esta historia.

Al llegar al final de este capítulo habiendo mencionado la gran inmoralidad que ha existido en la vida de algunos papas, no queremos dar la impresión de que *todos* los papas han sido tan malvados como éstos. Sin duda que los que hemos anotado aquí fueron los peores; pero ha sido necesario referirnos a ellos para demostrar que la afirmación católica de que el papado es una «sucesión apostólica» es totalmente falsa. Tal declaración significa que todos estos papas, incluyendo a los más ignorantes y perversos, han de ser tomados en cuenta en la línea de sucesión desde el apóstol Pedro y hay que considerarles infalibles.

Al hacer las investigaciones hasta Pedro, se tiene que pasar por la historia del papa femenino. De modo que la sucesión papal a la cual *toda* otra demanda del catolicismo está unida, queda expuesta como fraude y debe caer ante la poderosa espada del Espíritu: ¡la Palabra de Dios!

---

2. Historia de los papas, Bowers, Vol. 1, p. 226.
3. P. 128, 1.338.
4. Ecumenismo y romanismo, p. 59, 60.

13

¿SON INFALIBLES LOS PAPAS?

Junto a las muchas contradicciones con las cuales el sistema romano estaba plagado, los papas, como el antiguo dios Janos, empezaron a declararse *infalibles*. Pero en vista del siguiente esquema histórico, la idea de la infalibilidad papal, es completamente absurda. Aun así, la mayoría de los papas han declarado ser infalibles, al menos en su *doctrina*, aunque no en integridad y moral. Pero esta clase de razonamiento presentaba varios problemas. El pueblo, naturalmente, preguntaba: ¿Cómo pueden ser los papas infalibles al dictar la doctrina y tan inmorales en la práctica? A pesar de lo contradictorio de esta situación, la infalibilidad papal fue declarada dogma en 1870.

El autor de esta doctrina de la infalibilidad fue Pío IX (1846-78).[1] Pero él, ciertamente, no era un ejemplo que acreditara su pretensión —al menos no en su práctica— pues éste tenía varias mozas (tres de ellas monjas) de las cuales tuvo hijos. Tampoco su antecesor, el papa Gregorio XVI (1831-1846), fue mejor pues es conocido como uno de los más grandes borrachos de Italia y también tenía numerosas mujeres; una de ellas, la esposa de su barbero.[2]

---

1. Enciclopedia Británica, Vol. 17, p. 224.
2. El sacerdote, la mujer y el confesionario, p. 139.

Conociendo la historia de los papas, varios obispos católicos se opusieron a declarar la doctrina de la infalibilidad papal como *dogma* en el Concilio de 1870. En sus discursos, un gran número de ellos mencionó la aparente contradicción entre semejante doctrina y la conocida inmoralidad de algunos papas. Uno de estos discursos fue pronunciado por el obispo José Strossmayer. En su argumento contra el edicto de la «infalibilidad» como dogma, mencionó cómo algunos de los papas se habían puesto en contra de otros papas, cómo se contradijeron unos a otros e hizo una mención especial de cómo el papa Esteban llevó al papa Formoso a juicio.

La famosa historia de un papa llevado a juicio ante otro papa es algo horrendo ¡puesto que el papa Formoso había *muerto* hacía ocho meses! Sin embargo, su cadáver fue desenterrado de su tumba y llevado a juicio por el papa Esteban. El cadáver, putrefacto, fue desenterrado y situado sobre un trono. Allí, ante un grupo de obispos y cardenales lo ataviaron con ricas vestimentas del papado, se puso una corona sobre su calavera y el cetro del Santo Oficio colocado en los cadavéricos dedos de su mano. Mientras se celebró el juicio, el hedor del muerto llenaba la sala. El papa Esteban, adelantándose hacia el cadáver, lo interrogó. Claro está, no obtuvo respuesta a los cargos y el papa difunto fue sentenciado como culpable de todas las acusaciones. Entonces le fueron quitadas las vestimen-

tas papales, le arrebataron la corona y le mutilaron los tres dedos que había usado para dar la bendición papal. Después arrastraron el cadáver putrefacto, atado a una carroza, por las calles de la ciudad. El cuerpo fue más tarde lanzado al río Tíber.[1]

Acciones contradictorias como ésta, por luchas entre papas, ciertamente no apoyan la infalibilidad; sin embargo, no se detiene ahí la historia, pues después de la muerte del papa Esteban, el siguiente papa romano rehabilitó la memoria de Formoso y lo mismo hizo más tarde el papa Juan X, lo que desacredita y ridiculiza aún más el dogma de la infalibilidad papal.

El hecho es que ni en doctrina, ni en práctica, han sido los papas infalibles. Notemos unas cuantas de las cientos de contradicciones que desmienten esta doctrina:

Después de su muerte, el papa Honorio I fue acusado como hereje por el Sexto Concilio, en el año 680. El papa León confirmó su condenación. Si los papas fueran infalibles, ¿cómo puede uno condenar al otro?

El papa Virgilio, después de condenar varios libros, retiró su condena; luego los volvió a condenar y una vez más volvió a retirar la condena, para más tarde volverlos a condenar. ¿Hay infalibilidad en esta actitud?

El duelo fue autorizado por el papa Eugenio III (1145-1153). Pero más tarde, el papa Julio II (1509) y Pío IV (1506) lo prohibieron.

En el siglo XI, había tres papas rivales al mismo tiempo. Todos éstos fueron depuestos por el concilio convocado por el emperador Enrique III. Más

---

1. La ascensión y la caída de la Iglesia Católico-Romana, p. 179; Italia medieval, p. 395.

tarde, durante el mismo siglo, Clemente III se opuso a Víctor III e incluso a Urbano II ¿Cómo podían ser los papas infalibles cuando se oponían el uno al otro?

Vino luego el *gran caos*, en 1378, que duró 50 años, cuando los italianos eligieron a Urbano IV y los cardenales frandeses escogieron a Clemente VII. Estos papas se maldijeron año tras año hasta que un concilio depuso a ambos y escogieron a otro.

El papa Sixto V hizo preparar una versión de la Biblia, la cual declaró como auténtica y muy fiel; pero dos años más tarde, Clemente VIII declaró que estaba llena de errores y ordenó hacer otra.

Gregorio I rechazó el título de «obispo universal» por considerarlo pagano, «profano, supersticioso, orgulloso e inventado por el primer apóstata».[1] Aún así, a través de los siglos, otros papas han reclamado este título. ¿Cómo podemos decir que los papas son «infalibles» al definir la doctrina, si se contradicen directamente entre sí?[2]

El papa Adriano II (867-872) declaró el matrimonio civil como válido, pero el papa Pío VII (1800-1823) lo condenó como no válido.

El papa Eugenio IV (1431-1447) condenó a Juana de Arco a ser quemada por bruja. Más tarde, en 1919, Benedicto IV la declaró *santa*. ¿Puede esto ser *infalibilidad papal?*

¿Cómo pueden ser los papas infalibles cuando un gran número de ellos han negado tal doctrina? Virgilio Inocencio III, Clemente IV, Gregorio XI, Adriano VI y Paulo IV, todos rechazaron la doctrina de la infabilidad papal.[3] ¿Podría ser un papa infalible y no saberlo? ¡Qué inconsistencia!

1. Epístola, 5:20-7:33.
2. F. Lacueva, Catolicismo romano, pp. 36-40.
3. S. Vila, A las fuentes del Cristianismo, pp. 173-180.

Considerando la gran inmoralidad, bandidaje y contradicción que ha existido en las vidas de muchos de los papas, podemos ver claramente cuán blasfemas son sus declaraciones acerca de sí mismos. Los papas han tomado títulos tales como «Santísimo Señor», «Jefe de la Iglesia Mundial», «Pontífice Soberano de Obispos», «Sacerdote Supremo», «La boca de Jesucristo», «Vicario de Cristo» y otros más. El papa León XIII, el 20 de junio de 1894, declaró: «Ocupamos en la tierra el lugar de Dios Todopoderoso». Durante el Concilio Vaticano de 1870, el 9 de enero, fue proclamado: «El Papa es Cristo en oficio, Cristo en jurisdicción y poder... nos postramos ante tu voz, oh, Pío, como la voz de Cristo, el Dios de la verdad. Al afianzarnos en ti, nos afianzamos en Cristo».

Pero el esquema histórico que hemos visto claramente denota que el Papa *no* es «Cristo en oficio» o en ninguna otra forma. Debemos comparar a ambos —a Cristo y al Papa— y tenemos clara evidencia de que no hay similitud alguna; al contrario, ¡son *opuestos!*

El Papa porta una costosa corona, cubierta de joyas. La corona de tres plantas se dice que tiene un valor de 1.300.000 dólares. ¡Qué contraste con nuestro Señor Jesucristo quien durante su vida terrenal no tuvo corona, excepto una de espinas!

El Papa es constantemente atendido por sirvientes. ¡Qué contraste con el Nazareno quien no vino a que le sirvieran sino a servir!

El Papa tiene un palacio de lujo y riquezas extremas que hacen un marcado contraste con el Señor Jesús, quien no tuvo sitio dónde poner su cabeza.

Los papas vestidos en trajes elaborados y costosos, diseñados al estilo de los emperadores romanos de los días paganos, representan un orgullo y vanidad que contrasta con nuestro Salvador, quien vistió el traje de un campesino.

La inmoralidad de muchos de los papas se levanta en contraste con Cristo, que es perfecto en santidad y pureza.

En vista de estas cosas podemos entender que la pretensión de que el Papa es el vicario de Cristo no tiene fundamento alguno, y, por el contrario, es interesante notar que el título vicario del Hijo de Dios, *Vicarius Filii Dei*, parece condenar al Papa colocándole en una posición de absoluta contradicción. En el capítulo 13 del misterioso pero no incomprensible libro del Apocalipsis, el Santo Espíritu de Dios dio al apóstol Juan una revelación acerca de cierto personaje al que llama Bestia horrible el cual representa sin duda a más de una persona del pasado y del futuro, según lo han entendido diversos expositores de tan difícil libro. Pero lo curioso es que el papado cae de lleno y del modo más claro en la línea de identificación del macabro y misterioso personaje. La clave es: «Aquí se requiere sabiduría. El que tiene entendimiento, calcule el número de la bestia, pues es número de hombre, y su número es 666» (Apoc. 13:18).

Ahora bien, todos sabemos que algunas letras del alfabeto romano tienen significado numérico. Aun hoy día las usamos para titulares de capítulos o documentos, a saber: I, significa uno; V, 5; X, 10; L, 50; C, 100; D, 500. La suma total de este alfabeto numérico es exactamente 666.

Pero para que no pensemos que esto era tan sólo una clave del pasado atribuyendo el misterio tan solamente al Imperio romano, perseguidor de los cristianos, tenemos que el título favorito del Papa, *Vicarius Filii Dei*, nos da el mismo resultado. Teniendo en cuenta que en este título la letra I aparece seis veces, la V, dos, la L una sola vez, la C ídem y la D ídem, la suma total es 666. Las letras que quedan sin significado numérico de dicho título son F-A-R-S-E, cuyo triste pero atinado significado es de obvia comprensión.

Hay otras claves de este curioso misterio: el nombre secreto de *Nimrod*, que era revelado solamente a los iniciados era deletreado en caldeo con cuatro letras: *Stur*. En este lenguaje, S es igual a 60; T es igual a 400; U es igual a 6, y R es igual a 200; de nuevo un total de 666.

El césar Nerón, el primero de los grandes perseguidores de los cristianos y emperador de Roma, en su época de más poder tiene un nombre que escrito en hebreo es: *Neron Caesar*, que también iguala a 666.

Las letras griegas de *Lateinos* (Latín), el lenguaje de Roma en todos sus actos oficiales, suma 666. En el griego, L es 30; A es 1; T es 300; E es 5; I es 10; N es 50; O es 70, y S es 200. Estas cifras suman un total de 666. Hay otras palabras también significativas para lo que venimos demostrando. *Romulus*, del que proviene el presente nombre de Roma, es, en hebreo, *Romiitz*, y también suma 666.

En el Nuevo Testamento, las letras de la palabra griega *euporia*, la cual proviene de la palabra *fortuna*, totaliza 666. Es curioso saber que de los dos mil nombres griegos en el Nuevo Testamento, solamente hay otra palabra que tenga este valor numérico y es la palabra: *paradosis*, que significa «tradición» (Véase Hechos 19:25 y Mateo 15:2). *Fortuna* y *tradición* —extrañamente— fueron los dos elementos que corrompieron a la Iglesia Romana. Las riquezas corrompían la honestidad y con la tradición se corrompió la doctrina.

No insistimos dogmáticamente en este argumento en cuanto al número 666,* pero creemos que estas cosas denotan un significado interesante en conexión con las palabras tradición, riqueza (fortuna), latín, Roma, números romanos y papas.

---

* No tratamos de decir que cualquier papa bueno o malo sea la bestia apocalíptica; pero el sistema papal procedente del paganismo babilónico sí que lo es: Esta clave de Apocalipsis dio mucho valor a los valdenses cristianos fieles anteriores a la Reforma de Lutero y más tarde a los inmediatos seguidores de este gran movimiento restaurador de la fe pura del Nuevo Testamento para resistir hasta la sangre los errores de la iglesia apóstata sin negar las verdades que ésta sostenía.

Tampoco afirmamos que todos los miembros de la Iglesia Católica hayan de ser condenados por pertenecer a una rama del Cristianismo muy plagada de errores paganos. Dios juzgará a cada individuo según la luz que haya tenido en su vida terrena con perfecta justicia. Pero el capítulo 19 del Apocalipsis contiene una advertencia muy solemne para los adheridos al sistema religioso enraizado en los errores de Babilonia. Quizás en vista de los males que amenazan a la religión con motivo del levantamiento del ateísmo en los últimos tiempos de la humanidad dice el Señor: «Salid de ella pueblo mío, para que no seáis partícipes de sus pecados ni recibáis nada procedente de sus plagas, porque sus pecados se han amontonado hasta el cielo y Dios se ha acordado de sus maldades». Ello indica que Dios tiene un pueblo al que ama y desea salvar de las consecuencias de todos los errores procedentes de la semilla babilónica esparcida por el mundo entero.

14

LA INHUMANA INQUISICION

Tan notable era la corrupción de la Iglesia apóstata en la Edad Media, que podemos fácilmente comprender por qué en muchos sectores de la tierra los
hombres se levantaron en protesta. Muchos fueron
los que rechazaron las doctrinas falsas de la Iglesia
apóstata y del Papa, fijándose nada más que en el
Señor Jesucristo y en su Palabra para su salvación.
A éstos se les calificó de «herejes» y fueron perse-
guidos ferozmente por la Iglesia Católica Romana.

Uno de los documentos en los que se ordenó tal
persecución, fue el inhu-
mano *Ad Exstirpanda*,
que fue editado por el
papa Inocencio IV. Este
documento declaraba que
los herejes tenían que ser
*aplastados como serpien-
tes venenosas*. Sacerdo-
tes, reyes y miembros ci-
viles del sistema romano,
fueron llamados a unirse
a esta cruzada guerrera.
Declaraba el documento
que cualquier propiedad

que confiscasen les sería dada como propiedad con
título limpio y además les prometían remisión de
todos sus pecados como premio por matar a un
hereje.

Este documento papal también aprobó formalmente el uso de la tortura contra los llamados «herejes». Algunos hombres se pasaban largos días ideando los métodos más crueles para producir dolor. Uno de los más populares fue el uso del estante. Esta era una larga mesa en la cual el acusado era amarrado de las manos y pies y lo estiraban por cuerdas y tablones hasta dislocarle las coyunturas y causarle gran dolor.

Para arrancarles las uñas usaban grandes pinzas o las ponían al fuego para después aplicarlas en las partes más sensitivas del cuerpo. Se usaban aparatos semejantes a tambores, donde ponían cuchillas y puntillas afiladas sobre las cuales los «herejes» eran colocados y rodados de atrás para adelante; tenían un destornillador de dedos, que era un instrumento hecho para desarticular los mismos y también las conocidas «botas españolas», que usaban para aplastar piernas y pies.

Tenían también la horrible «virgen de hierro», que consistía en una figura hueca del tamaño y forma de una mujer, erizada interiormente de cuchillos dispuestos de tal forma, que el acusado era lacerado mortalmente cuando lo encerraban dentro de ella. Lo que hace estos actos más blasfemos, es que cada uno de sus

163

medios de tortura eran rociados con «agua bendita»
y en ellos se inscribían las palabras latinas *Soli Deo
Gloria*, que significa «Gloria a Dios solamente».[1]

Para hacerles denunciar a otras personas, desnu-
daban a las víctimas, ya fuesen hombres o mujeres,
y las ataban fuertemente de los brazos y pies. Después las jalaban con una cuerda deteniéndolas en el
aire; más tarde las soltaban para volverlas a jalar
aún con más fuerza hasta dislocarles las coyunturas
de brazos y piernas. La cuerda con que los amarraban les penetraba la piel hasta los huesos. Mientras
contemplaban la ejecución de las torturas, los sacerdotes procuraban que el hereje recapacitara y se
doblegara a renunciar a su herejía o a denunciar a
hermanos de la misma fe.

---

1. El hombre y sus dioses, p. 286.

En la ilustración que se inserta, tomada del libro *Historia del Mundo*, de Ridpath (volumen V), podemos ver una de las operaciones de la Inquisición en

Holanda. Ventiún protestantes cuelgan del árbol. El hombre que se halla en la escalera está a punto de ser colgado también. Parado, bajo éste, se encuentra el sacerdote portando la cruz.

Francisco Gamba, un lombardo de ideas protestantes, fue aprehendido y condenado a muerte en el año 1554 en Milán. En el lugar de la ejecución, un monje le presentó una cruz y Gamba le dijo: «Mi mente está tan clara pensando en los verdaderos méritos y bondades de Cristo, que no necesito un pedazo de madera sin méritos». Por decir esto, le atravesaron la lengua y después le quemaron.[2]

A otros que rechazaban las enseñanzas de la Iglesia Romana les vaciaban acero candente en su oídos y bocas. A otros les sacaban los ojos y algunos fueron cruelmente azotados con látigos. A otros más les amarraban estacas y los forzaban a lanzarse al fondo de precipicios para que chocaran contra los pe-

---

2. Libro de mártires de Fox, p. 103.

ñascos y murieran lentamente de dolor. A otros los ahorcaban con músculos amputados de sus propios cuerpos o eran ahogados con orina o excremento.

De noche, las víctimas de la Inquisición eran encadenadas contra las paredes o al suelo en donde eran presa de ratas y serpientes introducidas adrede en estos cuartos de sangrienta tortura.

Y no solamente eran individuos y pequeños grupos los torturados y asesinados, sino que éste era también el destino de ciudades enteras que rechazaban los dogmas del romanismo. En 1209, por ejemplo, la ciudad de Beziers fue tomada por los cruzados, a quienes el Papa había prometido que si se alistaban en la guerra contra los herejes, entrarían directamente al cielo cuando murieran sin necesidad de pasar por el purgatorio. Varios historiadores relatan que 60.000 personas en esta ciudad perecieron por la espada de esos hombres, mientras que la sangre corría por las calles.

En 1211, en Lavaur, el gobernador fue colgado de la horca y los ciudadanos del pueblo quemados vivos. Los cruzados asistían a misa solemne por la mañana y luego procedían a tomar otros pueblos del área donde la gente había rehusado aceptar el dogma católico. Se estima que en este sitio perdieron la vida 100.000 albigenses en un solo día. Sus cuerpos fueron amontonados y quemados. El «clero» dio gracias a Dios por la grandiosa victoria para la «Iglesia» y se compuso un himno para cantar en honor de esa victoria.

Es notoria también la masacre de Merindol. Entre otras cosas horribles que ocurrieron en esta área, que había llegado a ser poblada por los valdenses (protestantes), 500 mujeres fueron quemadas en un establo y cuando algunas de estas infelices saltaban por las ventanas eran recibidas con lanzas. En otros casos, las mujeres eran pública y despiadadamente violadas. Los niños eran asesinados ante sus padres, que asistían impotentes al horrendo crimen. Algunos niños fueron lanzados desde peñascos y otros eran despojados de sus ropas y arrastrados por las calles.

En la masacre de Orange, en 1562, se usaron métodos similares. A la armada italiana enviada por el papa Pío IV se le ordenó matar a hombres, mujeres y niños. Esa orden fue ejecutada con suma crueldad y se expuso al pueblo a la vergüenza y tortura como nunca se había visto antes.

En el «día de san Bartolomé» del año 1572 hubo una sangrienta masacre en París donde murieron diez mil hugonotes protestantes. El rey francés fue a misa a dar gracias solemnes por haber sido asesinados tantos herejes. La corte papal recibió la noticia con gran regocijo y el papa, Gregorio XIII, ¡fue a la iglesia de San Luis a dar gracias por la victoria! El Papa ordenó que se acuñara una moneda conmemorando el acontecimiento. La moneda mostraba a un ángel con una espada en una mano y una cruz en la otra y un grupo de hugonotes huyendo horrorizados de la presencia del ángel. Debajo figuraba la siguiente inscripción: *Ugonottorum strages 1572*, que significa «la matanza de los Hugonotes de 1572».

Incluso después de casi trescientos años de la Reforma, leemos que en España, cuando fue invadida por las tropas napoleónicas, fue descubierta en Toledo una prisión de la Inquisición. El historiador de las guerras de Napoleón dice que era como abrir una tumba; los cautivos salían con unas barbas que les llegaban a la altura del pecho, sus uñas parecían garras de aves y sus cuerpos no eran más que esqueletos. Algunos de ellos hacía años que no respiraban el aire fresco. Otros estaban inválidos y deformes, pues habían permanecido en calabozos tan pequeños que no podían ni ponerse en pie. Al día siguiente, el general La Salle y varios de sus oficiales inspeccionaron el edificio cuidadosamente. Los instrumentos de tortura que hallaron les llenaron de horror.

El grabado que se adjunta muestra una escena del martirio de la Inquisición en Holanda. Un protestante cuelga pendido por los pies. El fuego calienta el hierro con el cual le han de marcar y quemarle los ojos.

Cualquiera de los papas hubiera podido suspender la Inquisición con sólo poner su nombre y sello en un pedazo de papel. ¿Pero lo hicieron? ¡No! Algunos de los papas que son llamados «grandes» en la actualidad, vivieron durante esos sangrientos días. Ninguno de ellos hizo siquiera un intento serio por abrir

168

las puertas de las prisiones, suspender el sangriento uso de los cuchillos o detener los fuegos asesinos que oscurecieron durante siglos los cielos de Europa.

Y ahora les pregunto a ustedes: ¿podría un sistema que instituyó tan horrible tribunal represivo durante la Edad Media, ser la *verdadera Iglesia?* ¿Puede ser esta Iglesia que empleó métodos tan crueles, ser la Iglesia fundada por Aquel que dijo que debemos voltear la mejilla, perdonar a nuestros enemigos, hacer bien a los que nos aborrecen o nos desprecian, Aquel que, desde el madero donde había sido clavado, en el momento de su muerte, dijo: «Padre, perdónalos, porque no saben lo que hacen»? ¿Podrían estos monjes y sádicos sacerdotes ser miembros de la Iglesia pura y sin mancha, la Novia de Cristo? ¿O podría su líder, el Papa de Roma, ser el representante de este Cristo en la tierra? ¡No! ¡Un millón de veces, no!*

---

* Los creyentes católicos de nuestros días, empeñados en defender a su Iglesia de tales hechos históricos, alegan que la culpa no era de su Iglesia sino de los métodos bárbaros de aquellos tiempos, y citan el martirio de Servet en Ginebra y otras persecuciones en Inglaterra e Irlanda contra los católicos. Es cierto, pero los cristianos suizos de hace ya más de un siglo construyeron en Ginebra un monumento expiatorio a la memoria de Miguel de Servet en el que hay grabada esta inscripción: «Hijos respetuosos de Calvino, pero condenando un error que fue el de su siglo» y lo demostraron por su actitud con la minoría católica de su departamento cantonal.

En cuanto a las persecuciones inglesas fueron más bien por motivos políticos que religiosos. Además, ningún protestante insiste hoy en llamar infalible ni a Calvino ni a las iglesias reformada o anglicana, como ocurre con los católicos con respecto a su Iglesia y el conjunto de sus papas; pero el actual papa Juan Pablo ha excomulgado al gran católico Hans Kung por haber negado la infalibilidad papal.

15

SEÑORES SOBRE LAS HEREDADES
DE DIOS

Después del Papa, los hombres de más alto rango en la Iglesia Católica Romana, son un grupo de hombres llamados «cardenales». Y aunque el Señor nos dio «apóstoles, profetas, evangelistas, pastores y maestros» para su Iglesia (Efesios 4:11), nunca encontramos indicación alguna de que haya ordenado a un grupo de «cardenales». Entonces, ¿cuál es su origen?

Al indagar sobre este particular no tardamos en descubrir que los cardenales eran un grupo de líderes sacerdotales de la antigua religión pagana de Roma mucho *antes* de la Era Cristiana. Más tarde, cuando el cristianismo y el paganismo fueron unidos en Roma —produciendo la Iglesia Católica Romana—, el oficio pagano de los cardenales continuó. ¡Los cardenales no son los sucesores de los apóstoles, sino los sucesores de los sacerdotes paganos de la Babilonia a través de Roma!

En el libreto *Esta es la Iglesia Católica*, publicado por los *Knights of Columbus* (organización civil católica), leemos: «En tiempos pasados, los cardenales eran los jefes clericales de Roma. La palabra se deriva del latín *cardo*, o sea «visagra», y así se referían a los miembros principales del clero».[1] De modo que

---

1. Hislop, **Las dos Babilonias**, pp. 347-348.

la misma Iglesia Católica admite que los cardenales eran originalmente los líderes del clero pagano en la vieja Roma, los sacerdotes de la Visagra.

¿Pero quiénes fueron estos sacerdotes de la Visagra? Con un estudio más profundo hallamos la evidencia inconfundible de que estos sacerdotes de la Visagra eran los sacerdotes de Janos, el dios pagano de las puertas y las Visagras. Como dios de las puertas y visagras, Janos era llamado el «dios de los principios», por lo cual el nombre del primer mes del año en el idioma inglés del que este libro ha sido traducido, es *january* (enero), y por otra parte, en el mismo idioma se designa a los porteros con el nombre de *janitor*, palabra derivada de Janos.[1]

Janos, el portero, era conocido como el que «abre y cierra».[2] Por esto era tan conocido en Asia Menor el culto al dios que «abre y cierra». Podemos comprender así por qué Jesús, al hablar a la iglesia de Filadelfia, dijo: «Estas cosas dice el Santo, el Verdadero, el que tiene la llave de David, el que abre y ninguno cierra y cierra y ninguno abre... He aquí, yo te he dado una *puerta abierta*» (Apocalipsis 3:7-8). ¡El dios pagano Janos era un dios falso! ¡Jesús es el *verdadero* que abre y cierra!

Cuando el paganismo y la cristiandad se mezclaron en Roma, el colegio de cardenales —sacerdotes de la Visagra, el clero de Janos—, que se había desarrollado en la Roma pagana, ¡pronto halló un lugar en la Roma papal! De ahí proviene el oficio de los cardenales —tan ausente de fundamento bíblico— y penetró en la Iglesia profesante y ha continuado hasta nuestros días. ¿Pero por qué permitieron los líderes eclesiásticos la entrada de esta orden pagana de cardenales y que ocupara un lugar en la Iglesia?

---

1. Historia del culto mundial, p. 180.
2. Fasti, p. 130.

La respuesta es obvia: al mezclar este paganismo con la cristiandad, ambos bandos podrían unirse y así, con este tipo de mezcla, la Iglesia Católica Romana fue tomando forma y prosperando.

Pero incluso mucho antes de que apareciera la Roma pagana o papal, en la remota antigüedad de Babilonia existía una orden similar de altos sacerdotes muy bien conocida. «El Colegio Cardenalicio —dice Hislop—, con el Papa como líder, es copia exacta del falso colegio original del Concilio de Pontífices de Babilonia.»[3]

Además de esta evidencia del origen pagano del oficio de cardenal, hay otro detalle inconfundible en el color de las vestimentas que usan. Como es bien conocido, las vestimentas usadas por los cardenales de la Iglesia Católica son de color *rojo*. Este hecho ha sido tan usual, que tanto a un pájaro como a una flor de color rojo, se les llama cardenales. Pero el significado original de este color es el de pecado, como lo menciona el profeta Isaías: «Si vuestros pecados fueran como la escarlata, serán emblanquecidos como la nieve; si fuesen rojos como el carmesí, vendrán a ser como blanca lana» (Isaías 1:18). Y hasta hoy día, el color rojo ha seguido siendo asociado con el pecado, con prostitución, etc. En la misma forma, la Biblia simboliza la religión de Babilonia bajo la figura de una mujer de mala fama, una prostituta, vestida de color rojo y escarlata.

Volviendo a Ezequiel 23, en la parábola de Ahola y Aholiba, se hace referencia a un grupo de hombres de la vieja Babilonia vestidos de color cárdeno (cardenal): «...pues cuando vio hombres pintados en la pared, imágenes de caldeos pintadas de color bermellón (rojo brillante), ceñidos de talabartes por sus lomos y tiaras de colores en sus cabezas, teniendo

---

3. Hislop, **Las dos Babilonias**, p. 349.

todos ellos apariencia de capitanes a la manera de los hombres de Babilonia, nacidos en tierra de caldeos» (Ezequiel 23:14-15). Aquí vemos que se hace especial mención de los príncipes de origen babilónico, los cuales distintivamente vestían de rojo.

Estas mismas vestimentas rojas eran usadas por los sacerdotes de la Visagra —los cardenales de la Roma pagana—, los cuales eran conocidos también como los *Flamantes*. Este título fue tomado de la palabra *flamor*, que significa uno que sopla o prende el fuego sagrado.[1] Eran los que mantenían la «llama» sagrada, la cual avivaban con el «abanico místico» de Bacchus. Y al igual que el fuego que preservaban, sus vestimentas eran de color rojo brillante. Y aun hasta hoy en día, los cardenales usan las vestimentas del mismo color. Los *flamantes* eran siervos del *Pontifex Maximus* en los días paganos y los cardenales son los siervos del Papa, el cual proclama ser, también, el *Pontifex Maximus*. Los *flamantes* se dividían en tres grupos diferentes. En la actualidad, los cardenales están divididos asimismo en tres grupos distintos: cardenales obispos, cardenales sacerdotes y cardenales diáconos.

Es evidente entonces que el origen de los cardenales católicos viene definitivamente del viejo paganismo, como lo confirma el título que llevan (sacerdotes de la Visagra), ¡y como lo indica también el hecho de que su oficio nunca fue instituido por Cristo y por el color de sus vestimentas!

En la escala jerárquica de la Iglesia Católica encontramos, tras el Papa y los cardenales, a los obispos. A diferencia de los oficios del Papa y de los cardenales, las Escrituras sí mencionan el oficio de los «obispos». Pero la enseñanza bíblica concerniente a

---

1. Diccionario de Literatura Clásica y Antigüedades, de Harper, p. 675.

los obispos es muy *diferente* a la que tienen en la Iglesia Romana.

El romanismo ha influenciado tanto el pensamiento del pueblo en este aspecto, que es una creencia popular que el oficio de un obispo es diferente y mucho más *alto* que el de los ministros de la iglesia local. ¿No hemos pensado todos que el obispo tiene autoridad sobre un grupo de iglesias y ministros?

¿Pero qué dicen las Escrituras? ¡La Biblia indica claramente que *todo* ministro de una iglesia local es un *obispo!* No haya absolutamente ninguna diferencia entre los ancianos de la iglesia y los obispos: ambos son los mismos.[1] Consideremos la siguiente evidencia desde el punto de vista bíblico:

Pablo instruyó a Tito: «Que pusieses ancianos sobre las villas, así como te mandé» (Tito 1:5). Luego Pablo prosigue exponiendo las cualidades de estos ancianos y explica que un anciano es un «obispo» (v. 7). Claramente los ancianos de la iglesia local —en toda ciudad— eran obispos. ¡Esto es muy diferente a la idea común de que un obispo gobierna sobre un grupo de iglesias o ministros de menor importancia!

En conexión con esto, es interesante notar que la palabra «catedral» proviene de la palabra «cátedra», que significa trono. Puesto que una catedral en la idea común es una gran iglesia en una gran ciudad, donde se encuentra el trono de un obispo (véase Diccionario), dicha idea es obviamente contraria a las enseñanzas de Pablo de que los obispos debían ser ordenados en «cada población y en cada iglesia», y que los ancianos o ministros de la iglesia local y los obispos son lo mismo.

---

1. Véase la Biblia de Scofield, p. 1.303 (nota).

Esta verdad puede también notarse en Hechos 20. Leemos en este capítulo que Pablo, «...enviando desde Mileto a Efeso, hizo llamar a los ancianos de la iglesia» (v. 17). Luego, hablando a estos ancianos, les dijo: «Por tanto, mirad por vosotros y por todo el rebaño en que el Espíritu Santo os ha puesto por obispos» (v. 28). Aquí, de una manera que no ofrece ningún género de dudas, vemos que los ancianos y los obispos son lo mismo. Pablo exhortó después a los ancianos de Efeso a apacentar (en griego *pastorear*) la Iglesia del Señor, la cual ganó por su sangre (v. 28). Estos ancianos de Efeso fueron designados como ancianos, obispos, dirigentes y pastores —cada una de estas expresiones se refiere exactamente al mismo oficio—. Estos hombres eran los ministros de la iglesia local y conforme a las Escrituras, eran obispos. No era un ministro de una gran ciudad quien se sentaba en un trono y ejercía autoridad sobre un grupo de iglesias o ministros, sino que cada iglesia tenía sus ancianos y éstos eran sus obispos.

Martín Lutero comprendió que los ancianos y obispos de la Iglesia primitiva ocupaban el mismo lugar. «Pero en cuanto a los obispos que tenemos actualmente —comentó—, de éstos no dicen nada las Escrituras en cuanto a que ellos hayan sido instituidos para que gobernasen sobre muchos ministros...».[1]

Cuando llegó la apostasía, entre otras desviaciones de la verdad, la forma de gobierno en la Iglesia fue también abandonada a medida que los hombres la sustituían por sus ideas. Algunos empezaron a proclamarse como «señores» sobre los herederos de Dios. Incluso antes de que nuestro Nuevo Testamento fuera completado, hallamos que en Asia Menor las doctrinas falsas de los nicolaítas ya estaban infil-

---

1. A la nobleza alemana (clásico de Harvard), p. 317.

trándose. De acuerdo con Scofield, la palabra nico-laíta viene del griego *Nikao* (gobernante) y *Laos* o *Laite* (pueblo). Y añade: «Si la palabra es simbólica, se refiere a la forma más antigua de la noción de un orden sacerdotal o clerical que más tarde dividió al pueblo cristiano en sacerdotes y laicos».[2] Fue así como la idea de hombres que se exaltaban sobre otros, se infiltró y ha continuado en la Iglesia apóstata hasta nuestros días (véase Mateo 23:8).

El concepto común es de que el «clero» está un poco más alto que los demás fieles, y, como conse-cuencia, es probable que solamente una de cada mil personas sepa que el término «clero» pertenece a *todo* humilde creyente, no sólo a los líderes eclesiás-ticos. Notemos que 1.ª Pedro 5:1-3 instruye a los mi-nistros a no tener «señorío sobre las heredades del Señor». ¡La palabra traducida aquí como «hereda-des», en el griego original es *kleeron*, que significa «clero»! El comentario de Mathhew Henry explica que *todos* los hijos de Dios reciben el título de «here-deros o clero de Dios». La palabra no es privativa sólo para los ministros religiosos.

Pero hombres deseosos de posiciones dignatarias se apartaron del plan de gobierno bíblico para la Iglesia.

Finalmente se enseñó al pueblo que necesitaba de un sacerdote a quien debía confesar sus pecados; un sacerdote que perdonaría los pecados de todo aquel que se confesara; un sacerdote que le ofrecería la extremaunción; un sacerdote que debería celebrar misas en su favor, etc. Así el pueblo fue enseñado a depender de un sacerdote humano, mientras que el verdadero Sacerdote Supremo, nuestro Señor Je-sucristo, era relegado a la vista del pueblo y oculto por oscuras nubes de tradiciones humanas.

---

2. Scofield, p. 1.288 (nota).

Más tarde, elevándose sobre estos sacerdotes, algunos se proclamaron obispos gobernantes sobre otras iglesias y ministros. Y, por último, la idea del obispo de obispos fue un paso más hacia la apostasía. ¡Un nuevo oficio adoptado por la Iglesia apóstata! Pero como lo indicamos anteriormente, en ninguna parte de las Escrituras se encuentra que exista *un* hombre como cabeza de la Iglesia aparte del Dios hombre, Cristo Jesús. Tampoco enseñan las Escrituras que un hombre debía de ser cabeza de un grupo de ministros, como lo son los obispos católicos de hoy. Y para avanzar un poco más, diremos que no hay en ninguna parte del Nuevo Testamento el menor indicio de que *un* hombre debía tener autoridad sobre la iglesia local. Todo lo contrario, ¡cada iglesia del Nuevo Testamento era pastoreada por una *pluralidad* de ministros o ancianos! Nunca estuvo la autoridad de una iglesia en manos de un solo individuo. Cuando todo depende de una sola persona, ésta puede adquirir importancia, llegar a ocupar el centro y oscurecer así la relación común que tienen *todos* los hermanos con Cristo el Señor.

Cuando Pablo y Bernabé completaban su viaje por un número de poblaciones, se nos dice: «Habiéndoles contituido ancianos [en plural] a cada una de las iglesias...» (Hechos 14:12-23). Y en Mileto Pablo «hizo llamar a los ancianos [plural] de la iglesia de Efeso» (Hechos 20:17). La carta a los filipenses es dirigida a los obispos (ancianos, en plural asimismo) (ver Filipenses 1:1). A la iglesia de Tesalónica le escribió: «Y os rogamos hermanos que reconozcáis a los [plural] que trabajan entre vosotros y os presiden en el Señor y os amonestan» (Tesalonicenses 5:12). Tito fue a poner «ancianos» (plural) (Hechos 15:4). Y a los enfermos escribió Santiago que llamasen a los «ancianos» (plural) de la iglesia para que orasen por ellos y obtuvieran sanidad (Santiago 5:14-15). De modo que las Escrituras claramente enseñan esto. Es difícil comprender por qué la mayoría de los miembros de la Iglesia Cristiana profesante se han apartado de esta forma.

En cuanto a los líderes de la Iglesia apóstata, vemos que instituían posiciones para poder ser llamados «señores» sobre la Iglesia. También adoptaron *títulos* no bíblicos para designar estas posiciones. No hicieron como Eliú, quien dijo: «Ni usaré con nadie de lisonjeros títulos» (Job 32:21). Los líderes eclesiásticos apóstatas empezaron a elevarse a posiciones no bíblicas de autoridad en la Iglesia y tomaron para sí títulos que que sólo pertenecen a Dios.

Nuestro Salvador enseñó: «Mas vosotros no queráis ser llamados rabí, porque uno es vuestro Maestro, el Cristo y todos vosotros sois hermanos. Y vuestro padre no llaméis a nadie en la tierra; porque uno es vuestro Padre, el cual está en los cielos. Ni seáis llamados maestros; porque uno es vuestro Maestro, el Cristo. El que es mayor de vosotros, sea siervo. Porque el que se ensalzare, será humillado y el que se humillare, será ensalzado» (Mateo 23:8-12).

Da pena pensar que la Iglesia que proclamó a Cristo como su fundador —después de pocos siglos— comenzara a usar los mismos títulos que Cristo dijo que no debían ser usados. Pero la Iglesia se apartó de tal manera de la auténtica fe, que hizo exactamente lo opuesto a lo que Cristo y sus apóstoles habían enseñado. Mientras llegaban los tiempos de la apostasía, el obispo de Roma comenzó a exaltarse (como lo hemos visto) y se apoderó del título de «Papa», que no es más que una derivación de «padre», ¡el mismo título que Cristo nos dijo que no aplicásemos a ningún líder religioso!

Y aunque Cristo nos pidió que «no llaméis a nadie padre», actualmente los sacerdotes del catolicismo insisten en usar este título. Cristo prohibió el uso de tal título porque es un título divino que en el sentido religioso debe ser aplicado solamente a Dios. Esta práctica de aplicarlo a un líder religioso se originó en el paganismo. Recordemos que una de las ramas principales de los «misterios» que llegaron a Roma en los días del mistraísmo y en la liturgia mitraica, aquellos que presidían sobre las sagradas ceremonias eran llamados «padres».[1]

El que este título de «padre» era usado en conexión con sacerdotes en tiempos pasados, es mencionado en la misma Biblia. En Jueces 17 leemos que un hombre llamado Michâs dijo a un joven levita: «Quédate en mi casa y me serás en lugar de "padre" y "sacerdote"» (Jueces 17:10). Michâs era un hombre mayor de edad con un hijo propio, mientras que el levita era un joven. Claramente se entiende que el término «padre» no fue aplicado en función del respeto hacia un hombre mayor, ni tampoco en el sentido literal de padre carnal. El único significado en el uso del título «padre», es que tal título fue usado como título religioso, una designación sacerdotal. Michâs quería que el levita fuese un padre-sacerdote en su «casa de dioses».

Luego, en el capítulo 18 del Libro de los Jueces, se pide al joven que sirva a una tribu como «padre y sacerdote». «¿Es mejor que seas tú sacerdote en casa de un hombre solo, que de una tribu y familia de Israel?» Un estudio de estos dos capítulos, nos demuestra un tipo de catolicismo en el Antiguo Testamento. Porque aunque el sacerdote pretendía serlo de Jehová (Jueces 18:6), sin embargo, el culto era de ídolos y paganismo, ¡un intento de mezclar el paganismo con el culto al Dios verdadero! Y esta

---

1. **Misterios de Mitra, p. 167.**

mezcla siempre ha traído calamidades y ha disgustado al Señor.

Por consiguiente, el sacerdote que insiste en usar un título precristiano y pagano que nuestro Señor Jesucristo expresamente ordenó no usar, no puede ser un sacerdote cristiano.

Otros líderes de la Iglesia Católica Romana llevan el título de *Monseñor*, el cual no sólo no tiene fundamento bíblico, sino un significado directamente opueto a la Escritura, que dice que los ministros no son «señores» sobre las heredades de Dios. El uso de tal título es contrario a lo que enseñó Cristo cuando, refiriéndose justamente a los títulos religiosos, dijo: «El que se ensalzare, será humillado».

Jesús dijo también a los discípulos que no se llamaran «maestros». Este es otro título divino que sólo a El le pertenece. Como dijo Jesús: «...porque uno es vuestro Maestro, el Cristo». A primera vista no parece que este título haya sido usado en el catolicismo —la Iglesia apóstata—, pero un estudio más profundo nos revela que sí lo ha sido, pues el título de arzobispo tiene este significado. ¡La palabra *arzo* significa «maestro»!, de modo que el título de arzobispo tiene el significado de maestro-sacerdote.

Al llegar el despertar de los días de la Reforma, se rechazaron los títulos de papa, cardenal, monseñor y otros. Desafortunadamente se retuvieron otros títulos del catolicismo que son tal falsos como los anteriores. Hoy en día, tanto en la Iglesia Católica como en la Protestante, el título de *Reverendo* ha continuado usándose. Tenemos los de reverendo, reverendísimo y muy reverendo. ¡Pero estos títulos nunca fueron aplicados a los ministros de la Iglesia primitiva! (como ministro del Evangelio, yo jamás he hecho uso de tal título). Hay muy buenos pastores cristianos que usan este título; no lo negamos, pero en su mayoría lo hacen basados en la tradición, sin siquiera preguntarse el origen o significado del mismo.

Títulos como «maestro» o «padre» fueron condenados por Cristo, porque estos títulos son exclusivos de Dios. Bajo el *mismo* concepto, el título «reverendo» en todas sus variaciones, debe ser rechazado, pues en la Biblia ese título es aplicado *sólo* a Dios. Como leemos en el salmo 111:9, «Santo [reverente] y terrible es su nombre».

¿No sería mejor que nos mantuviésemos dentro del contexto bíblico? ¿No deberíamos rechazar la supuesta «autoridad» de estos altos oficios por los cuales los hombres desean hacerse «señores» sobre la heredad de Dios»? En vez de dar la gloria al hombre, ¿no debiéramos darla a Dios?

16

EL CELIBATO SACERDOTAL

«Empero el Espíritu dice manifiestamente que en los venideros tiempos, algunos apostatarán de la fe, escuchando a espíritus de error y a doctrinas de demonios; que con hipocresía hablarán mentira, teniendo cauterizada la conciencia. Que prohibirán casarse...» (1.ª Timoteo 4: 1-3).

En este pasaje podemos ver que el apóstol Pablo profetizó que muchos se apartarían de la verdadera fe. Declaró que esto sucedería en «tiempos posteriores», es decir, tiempos venideros a la época en la cual él escribía. Esta separación no sucedería en un solo tiempo, sino en distintos *tiempos* (plural). Poco a poco, los hombres caeran en apostasía, separándose de la verdadera fe y escuchando «doctrinas de demonios».

Estas doctrinas de demonios son las enseñanzas de los misterios paganos (es evidente que Satanás y sus demonios estaban detrás de estas enseñanzas paganas —los misterios— porque éstas contenían mucha similitud con la verdad y podían *falsificarla* fácilmente). En el pasaje anterior, se hace especial mención a una de estas doctrinas paganas, la doctrina de «prohibir casarse». ¿Pero qué era esta doctrina y a quiénes se aplicó?

Al estudiar este tema, hallamos que la doctrina pagana de «prohibir casarse» no se aplicó a todos.

Esta era una doctrina traída de los viejos tiempos, relacionada con los sacerdotes de los ministerios, ¡la religión de Babilonia! Sí, tiempos atrás en los días de Babilonia, dentro de las doctrinas de demonios que se tenían, estaba la doctrina del celibato sacerdotal. Estos sacerdotes solteros eran miembros de un alto orden sacerdotal de la reina Semíramis quien los ligó a una vida de celibato, a pesar de que Semíramis era adúltera e inmoral. «Aunque parezca extraño —dice Hislop—, la voz de la antigüedad atribuye a la reina viuda la invención del celibato clerical y esto en su forma más estricta.»[1]

Desde Babilonia, esta doctrina del sacerdocio soltero se propagó a otras naciones, como es evidente, por el celibato sacerdotal de las religiones orientales en el Tíbet (China), Japón y otros países. Sin embargo, algunas naciones aunque aceptaron otras partes del misterio religioso, no siempre apoyaban la regla del celibato, como en Egipto, donde se les permitía a los sacerdotes casarse. Pero cuando los misterios llegaron a Roma en tiempos precristianos, ¡la regla del celibato babilónico fue observada estrictamente!

«Todo estudioso sabe —dice Hislop— que cuando el culto a Cibeles, la diosa babilónica, fue introducido en la Roma pagana, éste se estableció en su forma primitiva, con su clero célibe.»[1] Y así esta doctrina diabólica y peligrosa para el buen crédito de la propia religión, fue establecida en la Roma pagana.

La supuesta *pureza* dentro del celibato sacerdotal nunca ha sido una realidad. Así era ya en el celibato de los sacerdotes de la Roma pagana. Tan malas eran sus consecuencias, que el Senado romano se

---

1. Dos Babilonias, p. 219.
1. Ibíd., p. 220.

vio obligado a poner mano y expulsarles una y otra vez.

Pero al llegar los días de la separación de la verdadera fe, a pesar de los corrompidos frutos que esta regla del celibato había producido en la Roma pagana, la doctrina de «prohibir casarse» vino a ser parte de la Roma papal. La Iglesia Católica Romana la impuso en contra de la costumbre de las congregaciones cristianas de los primeros siglos, cuyos pastores u obispos solían ser casados y no formaban ninguna clase especial. Esta imitación del paganismo demuestra una influencia directa del clericalismo pagano dentro del Cristianismo. Al adoptar esta doctrina la Iglesia Romana voluntariamente renunció a las enseñanzas de la Biblia que no declara como ley, ni exige que los ministros del evangelio deben ser solteros.

Los ministros del Nuevo Testamento, incluyendo a los apóstoles, eran casados (1.ª Cor. 9:5). La Biblia dice: «Conviene, pues, que el obispo sea irreprensible, marido de una sola mujer» (1.ª Timoteo 3:2).

Satanás, que conoce bien la naturaleza humana, sabía que del mismo modo que existió la corrupción entre el sacerdote célibe de la Roma pagana, se produciría de igual modo entre los sacerdotes de la Roma papal.

Por ejemplo, cuando el papa Pablo V trató de clausurar los burdeles en la Ciudad Santa, el Senado romano votó en contra de dicha intención, dando como motivo que la existencia de estos sitios era el único medio para evitar que los sacerdotes sedujeran a sus esposas e hijas.*

---

* No es sin razón que S. Pablo llamara proféticamente doctrina de demonios al celibato. «Que prohibirán casarse», dice. Y que Jesús hablara de «las puertas del infierno» que combatirían contra la Iglesia. Desgraciadamente la Historia ha justificado estas predicciones de la Palabra de Dios

En la Edad Media, Roma era una «Ciudad Santa» sólo de nombre. Hay estadísticas que estiman que habían cerca de 6.000 prostitutas en esta ciudad que tenía una población de 100.000 habitantes.[2] Los historiadores nos dicen que «todos los eclesiásticos tenían una moza y *todos* los conventos de la capital eran casas de mala fama».[3] Una fuente en Roma que está situada cerca de un convento, fue removida por orden del papa Gregorio y en el fondo de ésta se encontraron multitud de esqueletos de niños. Cuando los terrenos del convento de Neinberg (Austria), fueron explorados, ¡se encontraron los mismos resultados que produjo la costumbre del celibato![4] Lo mismo pasó cuando se inspeccionaron los jardines y subterráneos de los conventos de Italia.[5]

El cardenal Pedro d'Ailly dijo que no se atrevía a describir la inmoralidad de los conventos y que el «tomar los hábitos» era simplemente otra forma de hacerse una prostituta pública. Los apetitos sexuales de quienes habían hecho voto de castidad eran tan horribles en el siglo IX que «san» Teodoro Studita prohibió hasta la presencia de animales hembras en propiedades monásticas.

En el año 1477, se llevaron a cabo bailes nocturnos y orgías en el claustro católico de Kercheim, los

con una serie de escándalos realmente inimaginables, aun entre los papas y cardenales. ¿Y qué diremos del clero inferior, con menos posibilidades de riqueza y autoridad, pero con los mismos apetitos naturales que sus jefes? No es de extrañar de ningún modo que hayan ocurrido infinidad de abusos sexuales más o menos frecuentes y notorios según las circunstancias de cada individuo o la cultura de cada época a causa de esta difícil y peligrosa doctrina. De ahí el vergonzoso y deplorable acuerdo del Senado romano que cita el autor. — *(Nota Ed.).*

2. Durant, Vol. 6, p. 21.
3. Historia de la Reforma.
4. Isis descubierta, p. 58.
5. Ibid., p. 210.

cuales están descritos en la historia como mucho peores que los que se pueden ver en las casas de prostitución.[6]

Los sacerdotes llegaron a ser conocidos como los esposos de todas las mujeres. En Alemania, un obispo católico comenzó a cobrar a los sacerdotes de su distrito un impuesto por cada mujer que mantenían y por cada hijo que tuvieran. ¡Pronto descubrió que había *once mil* mujeres sostenidas por el clero de la parroquia![1] Alberto *El Magnífico*, arzobispo de Hamburgo, exhortó a su clero: *Si non caste, tamen caute* («Si no pueden ser castos, al menos sean cautos»).

Aunque es verdad que han habido muchos casos de ministros casados —de varias iglesias y religiones— que han caído en inmoralidad, estos casos son la *excepción*, y no la regla. Pero en el caso del sacerdocio célibe de la Roma papal, especialmente en el tiempo de la Edad Media, ¡los casos de inmoralidad llegaron a ser la *regla* y no la excepción!

Tomando en consideración todas estas cosas, podemos ver cómo la profecía de 1.ª Timoteo 4:1:3 fue *cumplida exactamente*. La profecía de Pablo decía que habría una apostasía de la fe; que las gentes escucharían doctrinas de demonios que prohibirían casarse y que con hipocresía hablarían mentiras, teniendo cauterizada la conciencia. ¿Fueron estas doctrinas aceptadas por los que se apartaban de la verdadera fe? ¡Sí! Estos sacerdotes —mientras aparentaban ser hombres santos—, frecuentemente eran todo lo contrario, como resultado de la doctrina del celibato. Así las conciencias de ellos fueron cauterizadas y a causa de la doble vida que llevaban, «hablaron mentiras con hipocresía».

---

6. La caída de la Iglesia medieval, p. 295.
1. Historia de la Reforma, p. 11.

¡La profecía fue cumplida exactamente!

Una evidencia más que muestra la doctrina del celibato y sus resultados inmorales mezclada con el paganismo, puede verse en el uso del *confesionario*, como lo veremos. El confesionario fue usado en muchas tierras paganas, incluyendo Babilonia. Pero siempre que se usó, los resultados no fueron de pureza sino de corrupción.

En el confesionario, jovencitas y mujeres declaraban sus deseos y debilidades y de ahí que frecuentemente los sacerdotes solteros escogían sus víctimas y siguen haciéndolo hasta el día de hoy.

Un relato vivo y exacto de esta corrupción en los confesionarios lo tenemos en el libro escrito por el ex sacerdote padre Chiniquy titulado *El cura, la mujer y el confesionario*, así como también en *El crimen e inmoralidad en la Iglesia Católica*, escrito por otro ex sacerdote, el reverendo Emmett McLouglin.

Pero, dirán algunos, ¿no dice la Biblia que debemos confesar nuestras faltas unos a otros? Sí, hay un tipo de confesión que enseñan las Escrituras, ¡pero *no* es el confesarse a un sacerdote soltero! La Biblia dice: «Confesaos vuestras faltas *unos a otros*» (Santiago 5:16). Si esta Escritura pudiera ser usada para afirmar la idea de la confesión católica, enton-

187

ces no solamente deberíamos confesarnos a los sacerdotes, ¡sino que los sacerdotes también deberían confesarte ante el pueblo! Obviamente, la enseñanza del romanismo es contraria a la admonición escrita de confesarnos «unos a otros». Pero el insistir que el pueblo confiese sus pecados a un sacerdote, ata al pueblo a un hombre quien en muchos casos, ¡es más pecador que el que se confiesa! Los católicos romanos están tan ligados al confesionario, que muchos creen que su salvación depende de él.

Pero nadie en el Nuevo Testamento obtuvo alguna vez perdón a través de un sacerdote. Pedro dijo a Simón *El Mago*: «Ruega a Dios que seas perdonado» (Hechos 8:22). Esto tiene un gran significado, especialmente cuando tantos han sido enseñados que Pedro fue el Papa, el obispo de obispos. Sin embargo, Pedro no le dijo a este hombre que confesara ante él ni tampoco le dio alguna penitencia (como orar el «Avemaría» un cierto número de veces al día y por determinado tiempo). También es significativo notar que cuando Pedro pecó, él confesó su pecado a *Cristo* y fue perdonado. Pero cuando Judas pecó, él confesó su pecado a los sacerdotes y cometió suicidio (Mateo 26:75 y 27:1-5 y Hechos 1:17:18).

La práctica de confesarse a un sacerdote no vino de la Biblia, ¡sino de Babilonia! La reina Semíramis creó tal confesión como parte de los «misterios». Se requería una confesión secreta a los sacerdotes antes de permitírseles su iniciación. Una vez que esa confesión era hecha, la víctima era ligada al sacerdocio de ahí en adelante. El hecho de que esta confesión tenía lugar en Babilonia es bien sabido por todo historiador que ha escrito acerca de esta antigua nación. Lo cierto es que nuestro conocimiento de la vida corrupta de pecado en Babilonia la tenemos de ciertas confesiones que quedaron escritas en libros sagrados de la religión pagana en aquella ciudad, y de estas confesiones escritas los historiadores han podido llegar a la conclusión de los errados conceptos morales que existían en Babilonia, los cuales corresponden bien con las descripciones de los profetas bíblicos y las amenazas de castigo consiguientes.[2]

Procedente de Babilonia, la «madre de las abominaciones de la tierra», esa peligrosa e intrigante práctica de la confesión, se infiltró en todas las religiones del mundo. Salverte escribió acerca de ella con estas palabras:

«Todos los griegos, de Delfos hasta las Termópilas, fueron iniciados en los misterios del templo de Delfos. Su silencio en cuanto a todo lo que se les ordenaba mantener en secreto era asegurado por la *confesión* general extraída de los aspirantes después de la iniciación...» Esta también era parte de las religiones de Medo-Persia, Egipto y Roma, antes del amanecer de la era Cristiana. ¡Y así, al estudiar el origen pagano y la historia de la confesión a los sacerdotes, obtenemos un medio más de identificación y comprensión del «Misterio de Babilonia» en nuestros días!

Además de esto, notamos un significado interesante en el *color* de las vestiduras usadas por el clero. Como es bien conocido, los sacerdotes católicos usan vestiduras *negras* y algunas denominaciones protestantes también han adoptado tal práctica. Es una costumbre ya establecida y desarrollada, pero, ¿cómo se originó?

Volviendo a las Escrituras, no hallamos evidencia alguna de que los ministros usaran un color distintivo en sus vestimentas. Ciertamente no hay nada que indique que nuestro Señor Jesús vistiera de *negro*, ni tampoco la hay que los apóstoles de la Iglesia primitiva usaran tal color.

1. Lo grandiosa que fue Babilonia, p. 268.
2. Jeremías 51:13 y 44 e Isaías 14:4-6 y 47:5-15.

Al contrario, el color negro ha sido por muchos siglos señal de *muerte*. Las carrozas fúnebres son negras. Se usa el negro cuando se está de luto, y en muchas otras formas, el negro se asocia con la muerte.

No hay absolutamente ninguna razón para creer que las vestiduras clericales negras fueron originadas por Cristo o los apóstoles, sino al contrario, ¡hay evidencias de que los sacerdotes de Baal usaban vestiduras negras! Jehová dijo: «Y exterminaré de este lugar el remanente de Baal y el nombre de *Chemarim* con los sacerdotes» (Sofonías 1:4). Los que seguían a Chemarim eran sacerdotes de vestiduras negras (como ha sido indicado por varios comentaristas bíblicos). La palabra se origina de *chamar*, que significa «ser negro».[1]

Como estos sacerdotes continuamente encendían fuego para hacer sus sacrificios, las vestiduras de colores más claros se hubieran manchado con el humo. Tal vez por este motivo entre los sacerdotes paganos, el negro vino a ser asociado con muerte y la práctica de usar vestiduras negras fue establecida. Aunque el origen del uso de las vestimentas negras ha sido olvidado por completo, ¡parece más que una coincidencia que los sacerdotes de la Babilonia moderna son reconocidos por su ropa *negra*!

Otra clave que nos ayuda a identificar el sacerdocio católico-romano con el antiguo sacerdocio pagano, se puede ver en el uso de la corona sacerdotal. ¿Qué es la corona? Es un afeitado en la cabeza en forma de círculo que se hacen los sacerdotes el día de su ordenación.[1] (Véase la ilustración.) El Concilio de Toledo en 633 d. C., hizo regla general el que to-

---

1. Fausset, p. 291. Art. «Altos sitios».
1. Enciclopedia de religiones, Vol. 3, p. 439.

dos los clérigos deben rasurar un círculo o corona en su cabeza. Aunque la Iglesia católica atribuye una gran importancia a este rito, la práctica no es cristiana, sino originada en el paganismo.

Sí, la práctica de afeitarse la cabeza era un rito de las religiones paganas, mucho antes de la era cristiana. Gautama Buda, quien vivió por lo menos 540 años antes de la aparición del Señor en la Tierra, se afeitó la cabeza en obediencia a un supuesto mandato divino y obligó a que todos siguieran su ejemplo. Los sacerdotes de Baco, en su ordenación en Egipto, se distinguían por sus cabezas afeitadas. En India, China y Roma pagana, la corona era también evidente entre los sacerdocios que existían en esos lugares.[2]

El que la corona sea una vieja costumbre pagana lo tenemos en el Antiguo Testamento. Jehová, refiriéndose a sus ministros de esa época, dijo: «No harán calva en su cabeza» (Levítico 21:5). Y el hecho de que esa calva sea *redonda*, puede verse en Levítico 19:27. «No cortaréis en redondo, las extremidades de nuestras cabezas.» De aquí podemos ver que el uso de la corona es una costumbre antigua ¡pero su práctica fue prohibida explícitamente por Jehová!

La razón por la cual la corona fuese prohibida, se debe a que su significado era pagano. Recordaremos que en los Misterios, muchas cosas eran simbólicas y tenían un significado oculto. El significado pagano de la forma redonda del afeitado en la cabeza. No era más que un símbolo místico de la imagen del *sol* ¡un símbolo pagano del dios-sol! Los sacerdotes de Mitra, «en su corona imitaban al disco solar».[1] Y esta misma práctica, poco a poco, vino a ser

_____
2. Dos Babilonias, p. 221.
1. Ibid., p. 222.

adoptada en la Iglesia Católica Romana. Pero en su intento por desacreditar este hecho, los Concilios de Valencia, Salzburgo y Ravenna asociaron la corona redonda con la hostia redonda que se sirve en la misa católica. Sin embargo, no hay tampoco nada que indique que la hostia redonda de la misa sea un símbolo cristiano. En cambio, las pruebas indican todo lo contrario. Pero esto lo hemos de discutir en el siguiente capítulo.

17

LA MISA

¿Tiene el sacerdote el poder de convertir los elementos del pan y el vino, literalmente, en cuerpo y sangre de Cristo durante el rito de la misa? ¿Está la creencia católica de la transustanciación basada en las Escrituras? Si Cristo *rompió* el pan, ¿por qué los sacerdotes católicos sirven una hostia completa? ¿Por qué es de forma *redonda*? Las letras místicas I. H. S., qué significan? ¿Era ese elaborado ritualismo parte del culto de la Iglesia primitiva?

En la noche que el Señor fue traicionado, leemos que «Jesús tomó el pan y bendijo y lo partió y dio a sus discípulos y dijo: Tomad, comed: este es mi cuerpo. Y tomando el vaso y hechas gracias, les dio diciendo: Bebed de él todos; porque esta es mi sangre del nuevo pacto, la cual es derramada por muchos para remisión de los pecados» (Mateo 26: 26-28). En este pasaje de las Escrituras, Jesús usó la expresión «este *es* mi cuerpo» refiriéndose al pan y refiriéndose al vino, dijo: «ésta *es* mi sangre». La Iglesia Católica Roma insiste que cuando el vino y la hostia son consagrados por el sacerdote, ¡se convierten en la verdadera carne y sangre de Cristo! Esto es conocido como la transustanciación. ¿Pero pueden un pedazo de pan o una copa de vino convertirse verdaderamente en la carne y sangre del Señor? ¿Es esto lo que el Señor quiso decir?

A los que estudian *todo* lo que la Biblia dice acerca de este asunto, se les hace notorio que nuestro Señor habló de su cuerpo y de su sangre en un sentido *simbólico*. Simplemente quiso decir que aquellos elementos representaban simbólicamente su cuerpo y su sangre. Sabemos que estos elementos no se convirtieron en la propia sangre y cuerpo de Cristo cuando El los «bendijo» ¡porque El (personalmente) estaba aún allí! Estaba sentado ante ellos antes, durante y después de que tomaron del pan y la copa. ¡No se cambió de una persona a un líquido ni se transformó en pan! Su carne estaba todavía sobre sus huesos y su sangre corría por sus venas. Como persona, no había desaparecido para reaparecer en forma de pan y de vino. No, cuando Jesús habló del pan y del vino como su cuerpo y su sangre, estaba usando un lenguaje simbólico. Este tipo de simbolismo es usado frecuentemente en la Biblia.

En cierta ocasión, tres de los amigos de David le oyeron expresar su gran deseo por beber agua del pozo de Belén. Con gran peligro, estos hombres atravesaron las avanzadas de los filisteos y le llevaron el agua. Cuando David se enteró de que estos hombres arriesgaron sus vidas de tal forma, rehusó beber del agua diciendo: «¿He de beber yo la sangre de los varones que fueron con peligro de su vida?» (2.º Samuel 23:17). Nadie supone que David quería decir que el agua era materialmente sangre. No, él usó la expresión en forma figurada.

De la misma manera la Biblia menciona en forma figurada el acto de comer un cuerpo, beber sangre o de tener hambre y sed de justicia, etc. Todas estas frases son usadas como expresiones simbólicas. Jesús dijo una vez: «Yo soy la puerta» (Juan 10:9). Es evidente que nadie supone que el Señor se convirtiera, efectivamente, en una puerta. Es evidente que esta expresión es figurativa. En otra ocasión el

Señor dijo: «Yo soy la vid, vosotros los pámpanos» (Juan 15:5). ¡Ciertamente que no quiso decir que se había convertido en una vid! Las Escrituras hablan de nuestro Señor como de una roca. «Y esta roca era Cristo» (1.ª Corintios 10:4). Pero también aquí se hace evidente que el Señor no es ninguna roca. Sería paganismo de la peor especie levantar una roca y decir: «esto es Dios». No, estas referencias al Señor como una roca, una vid, una puerta, etc., etc., son figurativas, simbólicas. Cuando Jesús dijo: «Este es mi cuerpo..., ésta es mi sangre», lo hizo, también, de forma simbólica.

Aun así, por espacio de muchos siglos, el romanismo ha insistido en una interpretación *literal* de las palabras de nuestro Señor. Creen que después de la consagración del sacerdote, el pan y el vino dejan de ser pan y vino. Pero nuestro Señor aun *después* de haber bendecido el sacramento, lo llamó «fruto de la vid», no su sangre (Mateo 26:29). Si los elementos de la comunión se convierten en el mismo cuerpo y sangre de Cristo, ¿cómo podríamos tomarlo «en su nombre... hasta su regreso»? Si el vino se convirtiese en sangre durante el rito misal —como se dice ser—, entonces el tomarlo sería prohibido por las Escrituras (Hechos 15:20, etc.).

Tal vez la prueba más obvia de que la teoría católica de la transustanciación es un fraude, radica en el hecho de que no hay cambio alguno en los elementos después de su supuesta transustanciación. El romanismo admite que no hay cambios *visibles* en los elementos de la comunión. Tienen el mismo sabor, color, olor, peso y dimensión; después de que han sido —supuestamente— convertidos en el cuerpo y sangre de Cristo. El pan continúa en forma de pan, sabe a pan y huele a pan. Pero en la mente del católico no es pan: es el cuerpo de Jesús. Y el vino parece vino, sabe a vino, huele a vino y, si se toma en exceso, emborracha como vino. Pero el católico devoto debe creer que es la sangre —sangre divina— de nuestro Señor Jesucristo. La idea es una gran contradicción.

A pesar de esto, al católico se le exige que crea estrictamente que los elementos se convierten en realidad en el cuerpo y sangre de Cristo. Si no aceptan este dogma, ¡les dicen que se perderán eternamente! Así lo proclamó el Concilio de Trento cuando definió como doctrina oficial la transustanciación y pronunció maldiciones sobre cualquiera que la negara.

Cuando el sacerdote supuestamente cambia el pan y el vino en sangre y cuerpo dice las palabras latinas *Hoc est corpus meus*. En vista de que no hay cambio alguno podemos comprender de dónde se originó la expresión *Hocus-Pocus*.[1]

El catecismo del Concilio de Trento mandó a los sacerdotes que explicaran que no solamente los elementos de la misa contenían a Cristo *de un modo completo*.[1] Por consiguiente, cuando el sacerdote lo ofrece, se cree que está realmente sacrificando a Cristo *de nuevo*. Por esto se llama el «sacrificio de la misa» y la «Renovación del sacrificio de la cruz».[2] Los libros de catecismo enseñan que la razón por la cual la misa es el mismo sacrificio que el del Calvario, es porque la víctima en cada caso es Jesucristo mismo.[3] Esta creencia es naturalmente el resultado de la doctrina de que los elementos de la comunión se convierten en un «Cristo» literalmente. Esto llevó a otro grave error: en vez de considerar el sacrificio del Calvario completo —de una vez y para siempre—,

---

1. La historia de la civilización, p. 749.
1. Enciclopedia de las Religiones, Vol. 2, p. 77.
2. Lista de palabras católicas, p. 45.
3. El Nuevo Catecismo de Baltimore, N.º 3, Pregunta núm. 931.

¡la Iglesia Católica tuvo que enseñar que cada misa es una continuación del mismo sacrificio!

Esto presentó un problema teológico. ¡Si cada sacrificio de la misa es un nuevo sacrificio de Cristo, entonces ,en vez de ser ofrecido Cristo *una sola vez*, lo ha sido *millones de veces* a través de los siglos desde que murió en el Calvario! ¿Pero enseñan las Escrituras que el sacrificio del Calvario debía ser repetido, o fue una obra *completa* de una vez por todas?

Notemos el testimonio bíblico de Hebreos 9:2528; aquí hallamos una comparación del *único* sacrificio de Cristo con los numerosos sacrificios del Antiguo Testamento. Nuestro Señor no tuvo necesidad de ofrecerse muchas veces (como los sacerdotes hacían sacrificios continuos en la antigüedad), sino *una vez* para deshacer el pecado a través del sacrificio de sí mismo. «De manera que está establecido a los hombres que mueran *una vez*... Así Cristo fue ofrecido *una vez* para agotar los pecados de muchos; la segunda vez sin pecado, será visto de los que le esperan para salud.»

En el Antiguo Testamento se debían ofrecer constantes sacrificios porque éstos no eran *perfectos*. Sin embargo, cuando el sacrificio perfecto fue realizado por medio de la muerte de Jesucristo, no hubo más necesidad de repetidos sacrificios, por lo cual «somos santificados por la ofrenda del cuerpo de Jesucristo, hecha *una sola vez*». Así que todo sacerdote se presenta cada día ministrando y ofreciendo muchas veces los mismos sacrificios que nunca pueden quitar los pecados: «Pero éste [Jesús] habiendo ofrecido por los pecados *un solo* sacrificio para siempre, está sentado... Porque con *una sola* ofrenda hizo perfectos para *siempre* a los santificados». Hebreos 10:10-14). Notemos aquí el fuerte contraste. Los sacerdotes del Antiguo Testamento tenían que «presentarse» a ofrecer muchos sacrificios. ¿Por qué? Porque ninguno de ellos era final, no era perfecto. Pero cuando Cristo presentó su sacrificio, se *sentó*. ¿Por qué? Porque el suyo fue final, fue perfecto, ¡fue de *una vez* por todas!

No hay un solo versículo en la Biblia que trate de dar la idea de que el sacrificio de Cristo tiene que continuarse. Las Escrituras continuamente indican todo lo contrario. El testimonio de la Biblia es que Cristo fue el sacrificio perfecto; porque El se dio *una vez* y este sacrificio agotó los pecados para *siempre*. Cristo no tiene que venir y ofrecerse de nuevo. Pero a los católicos se les enseña que El ha sido ofrecido en sus altares millones de veces desde que dijo: «¡Consumado es!» Ellos creen que cada misa es un nuevo sacrificio de Cristo. Para esta enseñanza se puede aplicar la siguiente Escritura: «Crucificando de nuevo para sí mismos al Hijo de Dios y exponiéndole a vituperio» (Hebreos 6:6). Y esto lo hacen cerca de 100.000 veces al día alrededor del mundo en el ritual de la misa.

Después que el pan ha sido convertido en supuesto «cuerpo de Cristo» por el sacerdote, es colocado en la patena, donde se exhibe para su adoración. Esta cajita redonda tiene un hueco interior en forma de cruz para guardar la pieza de pan «consagrada». Todo alrededor de este objeto, generalmente de plata llamada «sagrario», hay diseñados unos rayos solares.[1] El católico debe postrarse ante este objeto y adorar a la pequeña hostia como a Dios. Este rito es muy similar a  los ritos de las tribus paganas en sus adoraciones a sus dioses. Este ritualismo idólatra es uno de los

---

1. **Manual de prácticas católicas**, p. 20.

más graves errores a los cuales llevó la doctrina de la sustanciación.

La adopción de la idea de que los elementos de la santa cena se convierten en el cuerpo y la sangre de Cristo, presentó otros problemas. Tertulio nos dice que los sacerdotes tenían mucho cuidado de que no cayeran pedazos al piso ¡porque el cuerpo de Jesús podía lastimarse! En la Edad Media hubo discusiones acerca de qué se debería hacer si una persona vomitaba después de recibir el sacramento o si un perro o un ratón llegaran —por casualidad— y se comieran el cuerpo de Dios. En el Concilio de Constanza se discutió que si un comulgante derramaba sangre (vino) sobre su barba, tanto la barba como el hombre debían ser quemados.[1]

A fines del siglo XI, y para evitar que alguien derramara la sangre de Cristo, la Iglesia Católica empezó a retener la copa del pueblo. ¿Pero no fue posible que los primeros discípulos pudieran haber derramado la copa? ¡Nuestro Señor Jesucristo no retuvo la copa simplemente por esta razón! Finalmente, en 1415, el Concilio de Constanza negó oficialmente la copa a los legos. Hasta el día de hoy, miembros de las congregaciones católicas no beben de la copa. Solamente se le permite hacerlo al sacerdote. A los católicos se les dice que no tienen necesidad de beber de la copa puesto que la sangre está contenida en la hostia. Entonces ¿por qué lo hace el sacerdote? ¿Por qué no come también él sólo la hostia? Y si el sacerdote puede beber vino en nombre de la congregación, entonces ¿por qué no puede comerse la hostia también por ellos?

Obviamente, la idea de que la congregación tome sólo *parte* de lo que Jesús instituyó hacer, es contrario a la Biblia. Esta perversión de las claras instruc-

---

1. El otro lado de Roma, p. 21.

ciones de la Palabra de Dios no puede venir más que del gran engañador, el diablo. Y una Iglesia que se inventa tales doctrinas no puede ser la Iglesia de la cual habla la Biblia como pura y sin mancha.

Todos estos errores mencionados fueron el resultado de la doctrina de la transustanciación, la idea de que los elementos del pan y el vino se convierten en sangre y cuerpo de Cristo. Pero ¿cómo y por qué comenzó esta doctrina en la Iglesia Católica? Parece evidente que el adoptar la transustanciación en la Iglesia Romana fue otro compromiso hecho con el paganismo, porque las religiones paganas tenían ideas muy similares a la teoría de la transustanciación. En el notable escrito de la *Enciclopedia de Religiones y Etica*, de Hasting, hay un gran número de páginas dedicadas a un artículo titulado «Comiéndose a Dios». Estas páginas abundan en evidencias de los ritos de transustanciación pagana existentes entre las tribus y religiones de muchas naciones.

El historiador Durant nos dice que la creencia en la transustanciación, como se practica por la religión católica, es «una de las ceremonias más antiguas de las religiones primitivas».[1] Un tipo de eucaristía era celebrado en Egipto, por ejemplo, en el cual un pedazo de pastel era consagrado por un sacerdote y se suponía que se convertía en el cuerpo de Osiris. Después se comía y se tomaba vino como parte del rito.[2]

Los pasteles y la bebida Haoma de Mitra, lo mismo que la idea de la transustanciación, eran parte de la religión del mitraísmo y eran similares a los de la eucaristía católica de hoy.[3] El que estas ideas eran creídas en la Roma pagana, se prueba por la

---

1. Historia de la Civilización, p. 741.
2. Enciclopedia de Religiones, Vol. 2, p. 76.
3. Ibid.

pregunta retórica de Cicerón acerca del pan de Ceres y el vino de Baco.

Aun en México y América Central, entre los que nunca habían oído de Cristo, existía la creencia de comerse el cuerpo de su divinidad. Cuando los misioneros católicos desembarcaron en México y Centroamérica «tuvieron una gran sorpresa cuando vieron un rito religioso que les recordaba la comunión; una imagen hecha de harina que después de ser consagrada por los sacerdotes, era distribuida entre el pueblo, el cual comía de ésta... declarándolo como el cuerpo de su dios...»[1]

En una u otra forma, pues, la idea de comer el cuerpo de Dios se desarrolló en muchas tribus y religiones. Cuando Roma conquistó el mundo, absorbió muchos de los ritos de los cultos paganos en su sistema religioso. Más tarde, cuando la cristiandad avanzó en el Imperio, muchos se dieron cuenta de que habían puntos similares entre los ritos paganos y los cristianos. Más tarde, los dos sistemas fueron consolidados. Líderes de la Iglesia apóstata disfrazaron los ritos paganos con nombres cristianos ¡y esta mezcla engañosa ha confundido al mundo entero! ¡Con el fin de convencer a los paganos y a los que creían en Cristo, la Iglesia apóstata de Roma adoptó la idea de comer y beber el cuerpo y sangre de su Dios! Y así la doctrina pagana de la transustanciación entró en la Iglesia profesante.

---

1. México de Prescott, Vol. 3. — «Realmente la idea de comer el cuerpo de Dios ¡era una idea *caníbal*! Es sabido que sacerdotes paganos comían parte de todos sus sacrificios como parte del rito. Algunos de estos sacrificios eran *humanos*. De tal forma que los sacerdotes de Nimrod y Baal tenían que comer carne humana también. Estos sacerdotes eran conocidos como *canna-bal*, es decir, "sacerdote de Baal" y de esta expresión viene el nombre de "caníbal", ¡un devorador de carne humana!» (Hislop, p. 232.)

Pero además de estas pruebas básicas de cómo los ritos paganos fueron mezclados en la Iglesia, hay muchos más detalles externos que lo evidencian.[2]

La hostia[3] que el sacerdote católico pone en la boca de los comulgantes tiene que ser *redonda*.[4] Pero en la cena instituida por nuestro Señor, El tomó el pan y lo partió. ¡Ciertamente que el pan sin levadura no se puede romper en pedazos *redondos*! Las Escrituraas explican que el *romper* el pan representa el cuerpo de nuestro Señor, el cual fue destrozado por nosotros, por los crueles golpes y latigazos.

Al ver que el empleo de una hostia *redonda* es ajeno a las Escrituras, preguntamos lógicamente, por qué vino a ser usado en la Iglesia Católica de esta forma. Aquí nuevamente es aparente otra unión con el paganismo. La hostia redonda no es nada más que un viejo símbolo del *sol*: «La hostia redonda cuya redondez es tan importante para el misterio romano —dice Hislop—, es solamente otro símbolo de Baal, o el dios-sol».[1]

Estos pasteles redondos eran usados en los antiguos misterios en Egipto. Al escribir de estos ritos,

2. El catecismo oficial revisado de Baltimore, p. 131.
3. Palabra latina que significa víctima o sacrificio.
4. Manual de prácticas católicas, p. 231.
1. Dos Babilonias, p. 163.

Wilkinson dice: «El pastel delgado y redondo que aparece en todos los altares de Egipto...».[2] Cuando los misterios llegaron a Roma bajo el nombre de mitraísmo, los iniciados recibían un pequeño pastel redondo de pan sin levadura que simbolizaba el disco solar.[3]

Así podemos ver hasta qué punto llegó la Iglesia Romana para adoptar el paganismo, poniendo a un lado las órdenes de las Escrituras en relación con el pan quebrado y sustituyéndolo con la galleta redonda del símbolo solar del paganismo.

En 1854 se descubrió un antiguo templo en Egipto con inscripciones que muestran estos pasteles redondos en un altar. Arriba del altar hay una imagen del sol.[4] Un símbolo similar del sol aparece encima del altar en un templo cerca de la población de Babain, en el alto Egipto, donde hay una representación del sol ante la cual dos sacerdotes están adorando (véase el dibujo).

Pero este uso de la imagen del sol encima del «altar» no se limitó a Egipto. Tan lejos de Egipto como está el Perú, en América del Sur, esta imagen era conocida y adorada.[1] Por más que los católicos reciban la hos-

2. Egipcios, Vol. 5, p. 353.
3. Isis sin velo, p. 351.
4. Símbolos del antiguo paganismo y del moderno cristianismo, p. 34.
1. Historia del culto mundial, p. 383.

tia pensando que reciben a Cristo, su forma externa y los ritos que la acompañan proceden del culto a Baal. Ahora bien, cuando los israelitas del Antiguo Testamento se apartaron del Señor y adoraron a Baal, sabemos que levantaron imágenes del sol sobre sus altares. Pero durante el reinado de Josías, dichas imágenes fueron destruidas. «Y derribaron delante de él los altares de los baales e hizo pedazos las imágenes del sol que estaban puestas encima...» (2.º Crónicas 34:4). El disgusto de nuestro Dios contra tales imágenes solares usadas por su pueblo es evidente. ¿Por qué, pues, volver a las formas idolátricas que El aborrece al tratar de practicar los sagrados símbolos cristianos?

Aun hay más: el mismo tipo de imágenes solares que usaron los paganos, se hallan sobre el «altar» en la «Madre de las iglesias del catolicismo», la catedral de San Pedro, en Roma. Como lo indica la foto en la siguiente página, en el centro de la catedral, en forma de cruz,[2] hay una gran cúpula de 95 pies de altura, la cual es sostenida por cuatro columnas, todas torcidas en forma de serpiente y cubiertas por ramas. Cercca de la cúspide de estas columnas, «encima» del altar más importante del catolicismo hay imágenes solares de igual forma a las usa-

---

2. Ver fotos en capítulo 5.

204

das por los paganos en tiempos antiguos (véase la foto).

Luego, encima de la pared posterior de San Pedro —como lo indica la foto— hay otra imagen solar. Esta es una imagen del sol grande y elaborada, la cual desde el frente de la Iglesia aparece «encima» del altar mayor de la catedral. Es evidente que esto es babilónico, porque el gran templo de Babilonia también mostraba la imagen dorada del sol.[1]

La imagen del sol en su diseño circular, encima del altar, ha sido usada repetidas veces en miles de iglesias y catedrales hasta hoy día, como puede verse en la ilustración de una iglesia en Italia. Este mismo tipo de ventana ha sido puesto encima de portones de cientos de iglesias en todo el mundo.

Pero esto también, como los otros usos del símbolo solar, no son más que la continuación del viejo simbolismo pagano. No sólo muchas iglesias exhiben este símbolo en sus entradas actualmente, sino que también lo hacían de igual manera en los viejos tiempos de Babilonia y Egipto. En Babilonia habían templos con imágenes del dios solar haciendo frente al sol del amanecer, los cuales eran puestos encima de la entrada.[2] Un antiguo templo babilónico construido por el rey Gudea,

---

1. Hislop, p. 162.
2. Arquitectura, naturaleza y magia, p. 29.

por ejemplo, mostraba este emblema del dios solar sobre su entrada.[3] Tomando este uso de los babilónicos, llegó a ser una costumbre para los edificadores egipcios el colocar un disco solar (algunas veces con alas, y otros emblemas) sobre la entrada de sus templos —en honor del dios sol— y para ahuyentar los espíritus malignos.

Otro símbolo del sol es un círculo con líneas cruzadas semejante a una rueda con rayos, las ruedas de una carroza. Los antiguos pensaban que el sol era una gran *carroza* manejada por el dios sol quien hacía su viaje a través de los cielos, todos los días y pasaba por debajo del mundo durante la noche. Y así, el símbolo de la carroza solar o la rueda de la misma, llegó a ser asociado con el culto al sol. Aun cuando el pueblo de Dios mezcló la religión de Baal en su adoración, tenían «carrozas del sol», carrozas dedicadas al dios sol (2.º Reyes 23:4-11). Pero regresando al símbolo solar de la carroza, su rueda, es interesante saber que el símbolo babilónico ha sido usado repetidamente por la Iglesia de Roma. Esta rueda solar, simbólica, puesta sobre la famosa estatua de «Pedro» en la catedral de San Pedro, representa a la misma usada en Babilonia.

Una tabla hallada en Babilonia (hoy expuesta en un museo inglés) muestra a uno de los reyes babilónicos restaurando el símbolo al dios-sol en el templo de Bel. Este símbolo solar es una cruz de ocho puntos, similar a una rueda; y la misma cruz de ocho puntos marca el pavimento de la plaza circular que está ante la Iglesia de San Pedro (véase el Capítulo Cinco).

Alrededor del altar mayor de la Catedral de San Pedro (donde se dice a los católicos que se encuen-

3. Ibíd., p. 112.

tra enterrado Pedro) hay un cuantioso número de imágenes solares en los diseños del piso. (Nótese la fotografía anterior.) ¡Las pinturas románicas de María y los santos, siempre tienen el disco redondo alrededor de sus cabezas! Los sacerdotes católicos reciben la tonsura en sus cabezas, igual que los sacerdotes adoradores del sol en tiempos atrás. Las imágenes solares redondas se pueden ver encima de los altares de muchas catedrales católico-romanas y sobre las entradas de las mismas, de igual manera como se usaba entre los paganos. Todos estos usos del símbolo solar pueden parecer detalles insignificantes y casuales a primera vista, pero cuando vemos el cuadro completo, cada uno de ellos es una clave que nos ayuda para resolver el misterio acerca de la Babilonia de nuestros días.

El simbolismo solar es llevado al rito de la comunión católica no sólo en la forma redondeada de la hostia sino también con un dibujo de la cruz que ostenta la oblea: ⊕⊕⊕.[1] No podemos dejar de darnos cuenta de la similitud en apariencia entre las obleas redondas vistas en los dibujos de monumentos asirios, los cuales reproducimos en la página siguiente. En esta escena, un hombre se arrodilla ante un rey-sacerdote debajo de una imagen solar. El segun-

1. Catecismo de Baltimore.

208

do hombre, desde la derecha, trae una ofrenda de obleas redondas con la marca de una cruz. Es evidente que el simple hecho de que haya una cruz en la hostia católica, esto no la «cristianiza», pues la cruz era un símbolo religioso de algunas religiones, mucho antes de la Era Cristiana. Y hay pruebas de que los pasteles sagrados redondos de los misterios en Egipto eran marcados con este mismo símbolo.[2]

En la hostia redonda notamos las letras místicas I. H. S. inscritas en ella. Un estudio de estas letras nos provee con otra marca de identificación, otra clave al misterio, que demuestra la gran influencia del paganismo en la misa católica. Muchos suponen que estas letras son de origen cristiano. Se nos dice que las letras I. H. S. significan: *Iesus Hominum Salvator*, es decir: «Jesús, el Salvador del Hombre», o *Inc Hoc Signo*, las palabras que Constantino declaró haber visto en su visión.

Pero el significado de este anagrama puede ser tomado en otra forma reveladora del compromiso que Roma tomó con el paganismo. Durante los días de los emperadores romanos, existían muchos adoradores de Isis (la diosa egipcia representante de la *diosa babilónica*) en Roma. Al ver estas letras, el significado para ellos era *Isis, Horus, Seb*; en otras palabras, «La Madre, el Hijo y el Padre de los dioses», la *Trinidad egipcia*.[3]

Es sólo una suposición pero el hecho innegable es que ese anagrama es de origen precristiano, pues era el del dios pagano Baccus; también aparecían en las monedas del maharajá de Cachemira.[1]

Cuando nuestro Señor instituyó el memorial del pan y el vino, fue de *noche*. No lo hizo a la hora del

2. Bonwick, creencias egipcias, p. 148.
3. Dos Babilonias, p. 164.
1. Mitos bíblicos, p. 851.

desayuno ni del almuerzo. Y de igual manera, los primeros cristianos solían tomar la santa cena por la noche, siguiendo el ejemplo dado por Cristo mismo y por su prototipo, la pascua del Antiguo Testamento. Pero al suceder los días de la apostasía, la Cena del Señor se comenzó a celebrar durante las reuniones matinales.[2]

¿Por qué y cómo se hizo este cambio? Como hemos visto, una de las principales ramas de los «misterios» de Roma era el mitraísmo. Esta religión practicaba ciertos ritos, similares a la comunión de los cristianos que eran observados a primeras horas de la mañana. La idea se asociaba con el sol, con el amanecer, al levantarse su dios-sol. Cuando vino la apostasía, como hemos visto, los líderes de la Iglesia hicieron muchos cambios de detalle en su deseo de mezclar ambas religiones en una sola. Y esta unión es evidente en el cambio de la Cena del Señor de la observancia *nocturna* a la mañana, para hacer aparentar los ritos de religiones una fe semejante a la cristiana. Las Iglesias Católico Romanas todavía tienen su misa de mañana. Y cuando llegó la Reforma protestante, los Reformadores continuaron la práctica de tomar la Santa «Cena» por la mañana, solamente que no tan temprano como lo acostumbra la Iglesia Católica Romana.

Otra doctrina tomada del paganismo (y que contribuyó a transferir la comunión de la noche a la mañana), fue la creencia de que el que participara debía ayunar antes de tomar la comunión. Naturalmente el amanecer sería una hora más propicia para satisfacer los requisitos del ayuno. Sin embargo, la idea de que una persona debe ayunar antes de recibir la comunión es muy contraria a la Biblia. ¡En

---

2. El desarrollo de la Iglesia cristiana, p. 23.

realidad, fue después de que el Señor cenó, que instituyó la cena memorial! (Mateo 26:20-26).

Mientras que no hay indicio alguno en las Sagradas Escrituras de que una persona deba estar en ayunas antes de recibir la comunión, los misterios religiosos sí tenían este requisito. Aquellos que querían ser iniciados en los Misterios Eleusinios, se les interrogaba: «¿Estás en ayuno?» Si respondían «no», se les negaba la iniciación.[1]

Es cierto que la Biblia enseña la oración y el ayuno. Pero el verdadero ayuno viene del corazón. ¿Cuándo y en qué tiempo? El ayuno puede diferir entre los individuos y el motivo por el cual se hace. Sin embargo, el que se imponga una regla fija sobre cuándo la persona debe ayuna es condenado por las Escrituras pues invalida la iniciativa y la convicción del corazón. De esta clase de ayuno, dice Dios: «Cuando ayunareis, yo no oiré su clamor» (Jeremías 14:12). Los fariseos eran estrictos acerca de ayunar en ciertos días pero se olvidaron de las cosas más importantes de la Ley (Mateo 6:16). Y el apóstol Pablo nos previno de mandamientos hechos por los hombres, como el «abstenerse de las viandas», como una marca de la apostasía. (1.ª Timoteo 4:3).

Finalmente, a más de las pruebas anteriores, el rito del misal se ve como una ceremonia pagana por sus elaborados detalles. Un comentario acerca de la ceremonia de la misa dice: «El Romanismo y el Evangelio, son un espectáculo de magnífica grandeza, luces, colores, vestimentas, música, incienso, que dan un extraño efecto psicológico. Cuenta con un buen número de actos efectuados ritualísticamente que son completamente independientes de los feligreses. Estos son más bien espectadores como lo eran los

---

1. Dos Babilonias, p. 164.

que presenciaban las celebraciones en los antiguos *cultos misteriosos*».[2]

Un notable escrito del catolicismo romano analiza la celebración mecánica hecha por el sacerdote durante la misa con estas palabras: «Hace la señal de la cruz, 16 veces; se voltea hacia la congregación, 6 veces; eleva sus ojos al cielo, 11 veces; besa el altar, 8 veces; dobla sus manos, 4 veces; se da golpes de pecho, 10 veces; agacha su cabeza, 21 veces; dobla una rodilla en reverencia, 8 veces; inclina sus hombros, 7 veces; bendice el altar con la señal de la cruz, 30 veces; pone sus manos debajo y sobre el altar, 29 veces; ora secretamente, 11 veces; ora en voz alta, 13 veces; toma el pan y el vino y lo convierte en el cuerpo y sangre de Cristo (?); cubre y descubre el cáliz, 10 veces; camina de un lado al otro, 20 veces; y por añadidura, efectúa otro gran número de acciones.[1] Por encima de este complicado ritualismo, se notan el uso de las coloridas vestimentas, de los candelabros, campanas, incienso, música, cantos de duelo en latín y la vistosa exhibición por la cual es famosa la iglesia romana. ¡Qué tremendo contraste con el «simple memorial» de la Cena instituida por nuestro Señor! En esa cena, Jesús simplemente tomó el pan, dio gracias, lo rompió y lo dio a Sus discípulos. De igual manera, tomó la copa de la cual bebieron todos. ¡Ningún ritualismo elaborado! ¡Ningunas normas ni ceremonias! Ni aire de hechos misteriosos.

Pero no estando contentos con la simple y sincera cena memorial de Cristo, la Iglesia Romana trató

2. P. 93.

1. El catolicismo romano, pp. 196-215. — El Concilio Vaticano II, teniendo en cuenta el ritmo apresurado en nuestro siglo, ha simplificado considerablemente el ceremonial de la misa; pero era así en los días cuando fue escrito el comentario que cita el autor.

de competir con los elaborados ritos paganos. De esta manera fue cómo y por qué el ritualismo vino a ser mezclado con la Cena del Señor, y esta mezcla produjo la ceremonia romana conocida como la Misa. ¡Pero la adopción de este ritualismo es una indicación muy clara de cuánto se ha rebajado la iglesia apóstata imitando a las religiones paganas!

Puesto que los ritos de los paganos eran en honor de los dioses o demonios que estaban detrás de este culto, como explica el apóstol Pablo en su carta a los corintios, no es extraño que escriba: «La copa de bendición que bendecimos, ¿no es la comunión de la sangre de Cristo? El pan que partimos, ¿no es la comunión del cuerpo de Cristo?... Antes digo que lo que los gentiles sacrifican, a los demonios lo sacrifican y no a Dios y no querría yo que vosotros fueseis partícipes con los demonios. No podéis beber la copa del Señor y la *copa de los demonios*: no podéis ser partícipes de la mesa del Señor y de la *mesa de los demonios*». (1.ª Cor. 10:16-21). En el siguiente capítulo, Pablo dio instrucciones a la iglesia de Corinto, acerca de la observación correcta de la Cena del Señor. Posiblemente en aquella temprana época del cristianismo había una tendencia entre aquellos cristianos de Corinto de mezclar la verdadera Cena del Señor con los falsos ritos del paganismo. La siguiente tabla muestra una comparación entre la comunión instituida por Cristo y la misa católica de hoy:

EN LA CENA DEL SEÑOR	EN LA MISA CATOLICO ROMANA
Se rompe el pan.	Se sirve el pan completo/redondo en obleas preparadas mecánicamente.

Se tomaba por la noche. Se toma después de la cena.	Se toma al amanecer. Se toma en ayunas.
Instituida por Jesús.	**Una mezcla de paganismo.**
El pan y vino representan el cuerpo y sangre de Cristo.	**Se dice que el pan y el vino se convierten en cuerpo y sangre.**
Se tomaba el pan y el vino.	**Sólo el pan puede ser tomado por la congregación.**
Representa una obra terminada y un sacrificio perfecto.	**Se piensa que cada misa es un nuevo sacrificio de Cristo.**
Se daba una simple bendición en oración a Dios sobre los elementos.	**Se cantan largas oraciones por los vivos y los muertos.**
Es una simple comida simbólica.	**Se practican ritos elaborados, difíciles de aprender por el oficiante novel.**

18

TRES DIAS Y TRES NOCHES

La mayoría de nosotros, hemos asumido que Jesús murió en Viernes santo y resucitó de entre los muertos, al amanecer del Domingo de Pascua. Como Jesús dijo que resucitaría al tercer día, algunos cuentan parte del viernes como un día, sábado como el segundo y parte del domingo, como el tercero. Pero cuando escudriñamos las Escrituras, hallamos que Cristo habló del período de tiempo entre su muerte y su resurrección, como tres días y tres noches. ¡Del viernes por la tarde hasta el domingo por la mañana, no hay tres días y tres noches! ¿Cuál es entonces la explicación correcta?

Cuando los fariseos se llegaron a Jesús, y le pidieron una señal de que era el verdadero Mesías, El les dijo que no les daría más señal que la del profeta Jonás. «Porque como Jonás estuvo en el vientre de la ballena *tres días y tres noches*, así estará el Hijo del Hombre en el corazón de la tierra, *tres días y tres noches*» (Mateo 12:38-40 y Jonás 1:17).

En otros vv. Jesús dijo que resucitaría al «tercer día» (Mateo 16:21, Marcos 10:34 y Lucas 24:7). No hay contradicción alguna —como algunos han supuesto— entre esta expresión y la de «tres días y tres noches». Ambas expresiones se usan en las Escrituras. Volviendo al Génesis, por ejemplo, leemos que «... Y apartó Dios la luz de las tinieblas y llamó

Dios a la luz día y a las tinieblas llamó noche; y fue la tarde [tinieblas] y la mañana [luz] *un día*..., y fue la tarde y la mañana el *día segundo*..., y fue la tarde y la mañana [*tres* períodos de tinieblas y tres períodos de luz] el día *tercero*» (Génesis 1:4-13). Aquí podemos ver un ejemplo de que el «tercer día» indica tres días y tres noches.

Teniendo en mente que Jesús resucitó «al tercer día», notemos que el domingo no es el tercer día después del viernes: ¡Un día después del viernes es sábado, el segundo día es el domingo y el *tercer día* después del viernes, sería el lunes! Marcos 8:31 dice que Jesús habría de ser muerto y resucitar «*después de tres días*». Es evidente que hay algo incorrecto en la creencia de que el viernes fue el día de la crucifixión o el domingo el día de la resurrección.

Debido a que hay doce horas en el día y doce en la noche (Juan 11:9-10), «tres días y tres noches» serían 72 horas como el tiempo requerido entre la muerte y resurrección de nuestro Señor. ¿Pero fueron realmente 72 horas?

De acuerdo con las Escrituras, Jesús debía estar en la tumba *no menos* de 72 horas, «tres días y tres noches», y resucitó «después de tres días» (Mateo 12:40 y Marcos 8:31). No vemos razón alguna para pensar que fueron menos de 72 horas. Ni tampoco que fueran más. Jesús dijo: «Destruid este templo y *en tres días* lo levantaré...». El hablaba del templo de su cuerpo. El tiempo aquí expresado no puede ser más de 72 horas, pues un minuto más de las 72 horas, hubiese sido ya el *cuarto* día. ¡72 horas son el total completo de 3 días y 3 noches!

Jesús estuvo en la tumba no menos ni más de 72 horas. Dios es un Dios de *exactitud*. El hace todo a la hora propicia. No hay nada de accidental en lo que El hace.

Fue «venido el cumplimiento del tiempo», no un año antes ni un año después, sino justamente a tiempo, que «Dios envió a su Hijo» (Gálatas 4:4). La hora de su Unigénito fue preordenada y de ella nos habló Daniel. De igual manera fue exacto el tiempo cuando Jesús fue «entregado» por los pecados del pueblo. Aquellos que trataron de matarlo antes, fallaron porque «su hora no había llegado». No solamente el día y el año de su muerte fueron preparados de antemano, ¡sino que hasta la *hora* era parte del plan divino! «Padre —Jesús clamó—, la hora ha llegado...» (Juan 17:1).

Ahora bien, ya que había una hora exacta para el nacimiento de Cristo, una hora exacta para su ungimiento, una hora exacta para el comienzo de su ministerio, una hora exacta para su muerte, no es impropio pensar que había también una hora exacta para su resurrección. Exactamente 72 horas.

¡Teniendo esto presente, podemos comprender a qué hora del día tuvo lugar la resurrección! Como Jesús estuvo en la tumba tres días y tres noches (72 horas), podemos pensar que la resurrección se realizó a la misma hora de su muerte, tres días después. En otras palabras, si hubiese sido enterrado al mediodía, resucitaría al mediodía del tercer día. Si fuese enterrado en la noche, habría resucitado la noche del tercer día. ¡Si solamente podemos hallar la hora en que fue enterrado, sabremos automáticamente a qué hora resucitó!

La Biblia nos dice que Jesús murió poco después de la «hora novena». Es decir, las tres de la tarde.[1]

---

1. Las horas del día están divididas en la Biblia en cuatro partes, comenzando al amanecer y terminando al atardecer. La hora tercera sería aproximadamente las 9 de la mañana, la sexta serían las 12 del mediodía. La novena serían las 3 de la tarde y la hora doceava serían las 6 de la tarde.

(Mateo 27:46-50, Marcos 15:34-37 y Lucas 44-46). De acuerdo al horario bíblico, cada día terminaba y comenzaba al amanecer (Levítico 23:32). Y como nuestro Señor fue crucificado en la «preparación», el día antes del gran sábado, se tomaron medidas especiales para asegurar que su cuerpo fuera quitado antes del atardecer, antes de que comenzara la fiesta del sábado: «Entonces los judíos, por cuanto era la víspera de la Pascua, para que los cuerpos no quedasen en la cruz en el sábado, pues era el *gran día* del *sábado*, rogaron a Pilato que se les quebrasen las piernas y fuesen quitados... Mas cuando vinieron a Jesús, como lo vieron muerto ya...» (Juan 19:31-33). Fue entonces bajado de la cruz y sepultado en la tumba de José de Arimatea. «Porque aquel sepulcro estaba cerca» (Juan 19:42). Estas cosas tuvieron lugar «cuando fue la tarde». La palabra griega traducida «tarde» es *opsios*, que significa «al atardecer» (Marcos 15:42).

De modo que como la resurrección de Cristo tuvo lugar tres días después, pero a la misma hora que fue sepultado, ¡sabemos a qué hora resucitó! Fue sepultado al atardecer, de modo que su resurrección sucedió al atardecer, tres días después. ¡Sabemos con seguridad que la resurrección no tuvo lugar al amanecer! Lo que es evidente en el hecho de que cuando vinieron a visitarlo, después del sábado (sábado regular) «muy de mañana, el *primer día* de la semana» (Marcos 16:2), la tumba ya estaba vacía. ¡Tampoco resucitó Jesús durante la noche, pues no fue enterrado durante la noche! Estuvo en el sepulcro tres días y tres noches pero se levantó al tercer día, ¡no por la noche!

¿En qué día aconteció la resurrección? La Biblia nos dice que María Magdalena vino a la tumba, «muy de mañana, el primer día de la semana, siendo aún *oscuro*» (Juan 20:1-2). Los escritores de los evangelios nos cuentan varias visitas diferentes hechas por los discípulos a la tumba, el domingo en la mañana. En *cada* ocasión, hallaron la tumba *vacía*. Un ángel dijo: «No está aquí, porque ha resucitado como dijo» (Mateo 28:6).

De modo que las Escrituras indican que Jesús resucitó antes del amanecer y como no estaba en la tumba muy temprano el domingo, podemos deducir que la resurrección tuvo lugar al atardecer del día anterior. De acuerdo con este punto, la resurrección se realizó al atardecer del sábado por la tarde.

Pero, ¿acaso no dice la Biblia que Jesús resucitó el primer día de la semana, muy temprano? La Biblia nos dice que el primer día de la semana fue cuando los discípulos *descubrieron* que había resucitado (Mateo 28:1-6, Marcos 16:2-6, Lucas 24:1-2 y Juan 20:1-2).

¡Pero ninguno de estos versículos enseña que ésta fue la hora de la resurrección! ¡En cada ocasión, la tumba estaba vacía! ¡Ya había resucitado!

Algunos han enseñado, sin embargo, que Marcos 16:9 enseña que la resurrección fue el domingo en la mañana. Aquí está el versículo: «Mas como Jesús resucitó por la mañana el primer día de la semana, apareció primeramente a María Magdalena de la cual había echado siete demonios». Pero este versículo no dice que Jesús hubiera resucitado el primer día de la semana. Fíjense bien. ¿Dice que en el primer día de la semana estaba resucitado o que resucitó a esa hora? ¡No! Dice que al llegar el primer día de la semana «ya había resucitado». Esta frase está en tiempo antipretérito.

La palabra griega aquí escrita «resucitó» es *Anastas* y tiene el significado «habiendo resucitado», que es en *pasado*. La palabra griega no indica que Cristo resucitó en la mañana del primer día de la semana; al contrario, expresa que ya había resucitado.

Un estudio de Marcos 16:9 y los versículos que siguen hasta el 14, demuestran que Marcos está relatando acerca de varias «apariciones» que hizo Jesús durante el primer día de la semana. El contenido explica claramente que no estaba hablando del día en que tuvo lugar la resurrección.[1]

Hallamos perfecta armonía en las Escrituras si reconocemos que Jesús fue sepultado el miércoles antes del anochecer y resucitó el sábado antes del amanecer. Así cumplió su señal de tres días y tres noches y se levantó al tercer día.

Algunos se han confundido por las palabras de los dos discípulos en el camino a Emaús: «Mas nosotros esperábamos que él fuese el que había de redimir a Israel y ahora es el tercer día desde que esto ha acontecido». Debido a que Jesús se apareció a estos discípulos en el primer día de la semana (Lucas 24:13-15), y éste era según ellos el «tercer día», ¿no indica esto que Jesús murió en el viernes? ¡No! ¡Un día «desde» el viernes sería sábado, dos días, sería domingo y tres días «desde» el viernes hubiera sido lunes! Obviamente, este versículo no es prueba de la crucifixión en el viernes.

Los discípulos dijeron que era el tercer día desde que «estas cosas» fueron hechas. Hablaban de «*todas* aquellas cosas que habían sucedido» (versículo 14). Hablaban acerca de más de un acontecimiento. Sin duda «aquellas cosas» incluían el arresto, la crucifixión, la sepultura y la puesta del sello y la guarda en la tumba de Jesús. Todas «estas cosas» no fueron «hechas» —no fueron completadas— sino hasta el jueves. Jesús, como hemos visto, fue cruci-

---

1. Acerca del orden lógico de tales apariciones según los cuatro relatos evangélicos continuados, véase el discurso 16 del Vol. I de Biblioteca del Predicador, por S. Vila.

ficado en la «preparación» (miércoles). «El día siguiente [jueves], después de la preparación, se juntaron los príncipes de los sacerdotes y los fariseos con Pilato, diciendo: Señor, nos acordamos que aquel engañador dijo, viviendo aún: Después de tres días resucitaré. Manda, pues, que se asegure el sepulcro hasta el día tercero; porque no vengan sus discípulos de noche y le hurten y digan al pueblo: Resucitó de los muertos. Y será el postrer error peor que el primero» (Mateo 27:62-66). Y por este motivo, la tumba fue sellada y guardada. Así pues, «aquellas cosas» no se terminaron hasta que la tumba fue sellada y guardada. Esto sucedió, como hemos visto, el jueves de la semana de pasión. El domingo fue el tercer día «desde que estas cosas fueron hechas» pero no el tercer día después de la crucifixión.

Como Cristo fue crucificado según la cita del día antes del sábado, podemos comprender el porqué algunos han creído que fue el viernes el día de la crucifixión. Pero el sábado que siguió a la crucifixión del Señor no era el sábado semanal, era el gran día de reposo anual, pues dice que era el «sábado grande» (Juan 19:31). Este sábado podía caer en cualquier día de la semana.

Creemos que las Escrituras indican que en el año en que Jesús fue crucificado, el sábado anual fue un

―――――――――
Nota: Cuando la Biblia fue escrita originalmente, las comas eran desconocidas. La puntuación fue inventada por Aldus Manutions, en el siglo XV. Como los manuscritos originales no tenían puntuación alguna, los traductores añadieron las comas en donde pensaron que debían ir, basados en la lógica. En Marcos 16:9, notemos que la coma está situada después de la palabra mañana. El poner la coma aquí conecta al primer día de la semana con la hora de la resurrección. Pero si la coma se pone después de la palabra «resucitó», vemos el significado correcto de las Escrituras. Recordemos que fueron las palabras de la Biblia inspiradas, no la puntuación, que fue añadida más tarde por los hombres.

jueves. Jesús fue crucificado y sepultado en el día de la preparación (miércoles), el día siguiente fue el *gran día* del sábado (jueves), luego vino el viernes, día laborable, seguido por el sábado semanal. Con esta explicación podemos comprender que Cristo fue crucificado el día *antes* del sábado, que se levantó de la tumba al llegar el día *después* del sábado y así, ¡cumplió la señal de los tres días y tres noches! Todo esto se nos aclara cuando comprendemos que había *dos* sábados en esa semana; el sábado semanal y el Gran Sábado Anual.

Una cuidadosa comparación de Marcos 16:1 con Lucas 23:56, nos provee más evidencia aún de que hubo dos sábados esa semana, y un día laborable entre ambos. Notemos que Marcos 16:1 dice: «Y como pasó el sábado, María Magdalena y María, la madre de Jacobo y Salomé, compraron esencias aromáticas para venir a ungirle». Este v. indica claramente que fue «después del sábado» que estas mujeres compraron las esencias aromáticas y vueltas las aparejaron y reposaron el sábado (semanal) conforme al mandamiento (Lucas 23:56).*

___

* Si Jesús hubiese sido crucificado el viernes no habría habido tiempo material para pedir el cuerpo a Pilatos; recibir el permiso; bajarlo de la cruz; ponerlo en el sepulcro de José de Arimatea, ir a comprar las drogas aromáticas y prepararlas. (Lo que posiblemente quiere indicar mezclarlas y distribuirlas en varios tarros para que cada una de las mujeres concertadas acarrease el suyo.) Recordemos que Nicodemo vino con cien libras que juzgó necesarias para que un buen ungimiento dejara el cuerpo del Señor indemne de corrupción. Aun cuando las mujeres adquirieran una cantidad menor, no sería menos que unas cuantas libras para cada una. Esto aumenta la dificultad para realizarlo el viernes antes de la puesta del sol, que es cuando empieza el sábado judío, aun en nuestros días.

Mateo añade que, después que el cuerpo de Jesús fue puesto en la cueva, María Magdalena y la otra María se quedaron «sentadas delante del sepulcro». De haber sido

El jueves fue el Gran Sábado y «después» de este sábado —el viernes— las mujeres «compraron» sus ungüentos y aromas y los prepararon. Después de prepararlos reposaron el sábado semanal. Luego, yendo a la tumba el primer día de la semana, hallaron el sepulcro vacío. Jesús no estaba allí, ¡ya había resucitado! Verdaderamente, Jesús había cumplido la señal del tercer día, tres días y tres noches. Con esta interpretación, los diferentes términos usados en los Evangelios se complementan, no se contradicen.

T. A. Torrey, un notable evangelista y líder de un instituto bíblico, años atrás dio esta explicación de tres días y tres noches. Como esta posición no era la aceptada generalmente por sus hermanos denominacionales, él habló por convicción y no por conveniencia. Esto hace que sus palabras fueran especialmente significativas.

En su libro *Dificultades, errores y contradicciones de la Biblia*, escrito en 1907, Torrey dijo: «De acuerdo a la tradición comúnmente aceptada en la Iglesia, Jesús fue crucificado en viernes... y resucitó de entre los muertos temprano en la mañana del siguiente domingo. Muchos lectores de la Biblia se confunden al tratar de figurarse cómo se puede interpretar un intervalo entre el viernes en la tarde y el domingo en la mañana, como de tres días y tres noches. En realidad parece ser dos noches y un día con una pequeña porción de otro día.

»La solución a esta aparente dificultad, propuesta por muchos comentaristas, es que "un día y una noche" es simplemente otra forma de decir "un día"

---

el viernes de la crucifixión habrían corrido presurosas a comprar y preparar las drogas aromáticas. Por esto Lucas indica que después de pasado el sábado (el gran sábado anual) compraron las drogas y las prepararon, y a continuación reposaron el sábado (semanal) conforme al mandamiento. — *(Nota Ed.)*.

y que los antiguos judíos reconocían la fracción de un día como un día entero... Pero esta solución no puede satisfacer a muchas personas y el autor es libre de confesar que a él, no le satisface en ninguna manera... más bien parece una excusa...

»... La Biblia no dice en ninguna parte que Jesús fue crucificado y murió en viernes. Se dice que Jesús fue cruficado en el día "antes del sábado"... Pero no da lugar a duda en cuanto a qué sábado se refiere en este caso... No es el sábado semanal (o sea, el viernes) sino el día antes del Sábado de Pascua, el cual cayó ese año en jueves, es decir, el día en que Jesucristo fue crucificado fue el miércoles. Juan hace esto tan claro como el día...

»Resumiendo todo: Jesús murió poco antes del atardecer del miércoles. Setenta y dos horas después... resucitó de la tumba. Cuando las mujeres visitaron la tumba antes del amanecer del domingo la hallaron vacía...

»No hay absolutamente nada en favor de una crucifixión en viernes, pero todas las Escrituras armonizan perfectamente con la idea de la crucifixión en miércoles. Es increíble cuántos pasajes proféticos y típicos del Antiguo Testamento son culminados y cuántas aparentes diferencias en el Evangelio se aclaran una vez que comprendemos que Jesús murió en miércoles y no en viernes.»[1]

---

1. T. A. Torrey, Dificultades de la Biblia, pp. 104-109.

19

PESCADO EN VIERNES Y FESTIVAL
DE PRIMAVERA

Hemos visto bien claro por testimonios de la Sagrada Escritura que el viernes *no* fue el día de la semana en que Cristo fue crucificado. Pero cada viernes muchos católicos se abstienen de comer carne, sustituyéndola por pescado en recuerdo de la crucifixión del Señor. A los católicos, en los Estados Unidos, no se les requiere actualmente abstenerse de comer carne los viernes, sino sólo durante la Cuaresma. Sin embargo, muchos todavía siguen esta costumbre de comer pescado los viernes.

Habiendo visto cuantas doctrinas y ritos fueron adoptados del paganismo en la Iglesia Católica Romana, no debemos sorprendernos de hallar otros intentos de «cristianizar» más supersticiones paganas y sus tradicionales costumbres. ¿Fue este el caso de los viernes y del pescado? Ciertamente, las Escrituras nunca asociaron los viernes con el pescado. En cambio, hay evidencias de esta idea básica en las filosofías de los paganos.

La palabra «viernes» viene del nombre «Freya», la cual era conocida como la diosa de la paz, el placer y la *fertilidad*, por los antiguos paganos.[1] Como su símbolo de fertilidad, el *pez* era considerado sa-

---

1. Fausset, p. 232, artículo «Pez» (Fish).

grado por esa diosa. El pez había sido conocido como el símbolo de la fertilidad desde tiempos muy antiguos. Así era entre los antiguos babilonios, los asirios, fenicios, chinos y otros.[2] La propia palabra «pez» viene de la palabra «Dag», que implica aumento o fecundación.[3] La razón por la cual el pez fue usado como símbolo de la fertilidad es por el simple hecho de que tiene un alto índice de reproducción. El bacalao, por ejemplo, pone alrededor de nueve mil huevos, y otras clases incluso ponen diez mil y hasta un millón de huevos al año. Por esta razón, el pez ha sido símbolo de fertilidad y fue asociado por los romanos con Freya, la diosa de la fertilidad, cuyo día conmemorativo era el viernes. De ahí viene la palabra inglesa *friday*, que significa viernes; de ahí podemos empezar a ver el significado de los viernes y del pez.

A la diosa de la fertilidad, los griegos la llamaban Venus. Y es de este nombre que vienen las conocidas palabras de «venérea» y «enfermedad venérea». El viernes era considerado como su día sagrado[1] porque se creía que el planeta Venus reinaba sobre la primera hora del viernes y por esto era llamado *Dies Veneris*. Y para hacer el significado más completo, el pez era considerado la ofrenda consagrada a ella.[2] La ilustración adjunta es como se ve en el libro *Símbo-*

2. Un diccionario de símbolos.
3. Fausset, p. 232.
1. Ibíd., Art. Pez.
2. Ibíd., p. 105.

los paganos antiguos y cristianos modernos, y muestra a la diosa Venus con su símbolo, el pez. La similitud entre las dos indica que Venus y Freya eran originalmente la misma diosa y ambas provienen de la madre-diosa original de Babilonia.

La misma asociación de la diosa madre con el pez, símbolo de la fertilidad, es evidente entre los símbolos de la diosa en otras formas. El pez era considerado consagrado a Astaroth, el nombre bajo el cual los israelitas adoraban a la diosa pagana.[1] En el viejo Egipto, Isis es frecuentemente representada con un pez en la cabeza, tal como puede apreciarse en la ilustración.

En vista de estas cosas referentes al hecho de que el viernes sea considerado desde tiempos antiguos como un día santo del paganismo, que el pez sea su símbolo sagrado y que la Iglesia Católica Romana ordenara el ayuno de carne y su sustitución por pescado los viernes, es algo más que una simple coincidencia. Y ello se hace patente después de haber comprendido que Jesús no murió en viernes, sino en miércoles, lo que indica que hay otra razón para estos mandamientos de la Iglesia aparte de la muerte del Señor.

¿Y qué diremos de las costumbres involucradas en relación con el Domingo de Pascua? ¿Es que los primeros cristianos pintaban huevos o compraban panes calientes en forma de cruz? ¿Acaso Pedro y Pablo ordenaron alguna vez un servicio de Pascua al amanecer? ¿De dónde vienen estas costumbres?

---

1. Ibíd., p. 105.

Digamos para empezar, el origen de la palabra «Pascua». Esta aparece en la Biblia. El origen de la palabra es *Pascha*, la fiesta ordenada por Jehová (Levítico 23:27-44) como Sábado de Expiaciones (véase el capítulo anterior) en recuerdo de la salida de Israel de Egipto.*

En las regiones nórdicas de Europa, así como también en Estados Unidos y Canadá, el Domingo de Pascua es celebrado con varias costumbres que provienen de Babilonia, tales como el pintar huevos de varios colores, éstos se esconden y los niños los buscan para comerlos. ¿Pero de dónde proviene esta costumbre? ¿Debemos de suponer que los cristianos del Nuevo Testamento pintaban huevos? ¿Tienen algo que ver los huevos con Cristo o con su resurrección? La respuesta es obvia. Este uso es completamente extraño a la Biblia.

¡En cambio, el huevo es un símbolo sagrado que usaron los babilonios! Creían en una vieja fábula acerca de un huevo de gran tamaño que se suponía había caído des-

* Aquí sí que hay un simbolismo legítimamente bíblico, pues Jesús fue el Cordero de Dios que nos liberta de la esclavitud del pecado y nos libra de la muerte eterna en virtud de la preciosa sangre de su sacrificio, como los israelitas que ponían la sangre del cordero sobre el dintel de sus puertas y Dios dijo: «Veré la sangre y pasaré de vosotros». Por esto la palabra hebrea *pash* significa Pascua, que es símbolo de liberación. Pero de ningún modo las costumbres paganas tienen tal simbolismo, excepto la ceremonia judía, que adoptó e instituyó nuestro Señor, del pan y el vino, que aún se practica hoy entre los judíos, pero sin comprender su significado. — *(Nota Ed.)*.

de el cielo al río Eufrates. De este maravilloso huevo —de acuerdo con la historia— fue engendrada la diosa Astarté. Por esto el símbolo del huevo llegó a ser asociado con esta diosa (en el idioma inglés se usa *Easter*).[1] De Babilonia —la *madre* de las falsas religiones—, la humanidad se llenó de estas creencias y toda la tierra recibió la influencia de la idea del huevo místico; por esto hallamos el huevo como un símbolo sagrado en muchas naciones:

Los antiguos druidas portaban un huevo como emblema sagrado de su fe idólatra.[2] La procesión de Ceres, en Roma, era precedida por un huevo.[3] En los misterios de Baco se consagraba un huevo como parte de la ceremonia festiva. En China, hasta nuestros días, se siguen usando huevos de colores en su festival sagrado. En el Japón, una vieja costumbre consiste en colorear sus huevos sagrados de forma muy brillante. En la Europa del Norte, en tiempos paganos, los huevos eran usados como símbolos de la diosa Astarté *(Easter)*. La ilustración muestra cómo paganos representaban sus huevos sagrados. Uno de ellos (el de la izquierda) es el huevo sagrado de Heliópolis, el otro (a la derecha), es el huevo de Tifón. Entre los egipcios, el huevo asociado con el sol —«el huevo dorado»—.[1] Sus huevos coloreados eran usados como ofrenda de sacrificio durante las fiestas de Astarté.[2]

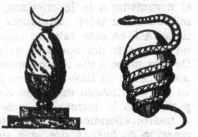

---

1. Ibid.
2. Ibid., p. 108.
3. Enciclopedia de Religiones, Vol. 2, p. 13.
1. Ibid., p. 12.
2. Creencias egipcias, p. 24.

La *Enciclopedia Británica* dice: «El huevo, como un símbolo de fertilidad y de renovación de la vida, proviene de los antiguos egipcios y persas, quienes también tenían por costumbre el colorear huevos y comerlos durante su festival de primavera».[3] Nadie puede discutir el hecho de que el huevo es un símbolo sagrado y parte de las festividades paganas desde tiempos atrás.

¿Cómo llegó entonces esta costumbre a ser asociada con la cristiandad? De igual manera como otros ritos fueron adoptados por la «Iglesia» para acercar el paganismo a la fe cristiana, buscando alguna similitud entre tales costumbres y algún evento cristiano. Así, en este caso, se sugirió que al igual que un pollo sale del huevo, ¡Cristo salió de la tumba! De esta manera los líderes apóstatas —faltos del Espíritu Santo de Dios—, dijeron al pueblo que el huevo era un símbolo de la resurrección de Cristo. ¡El papa Pablo V decretó una oración en conexión con el huevo! «Bendice, oh Señor, te pedimos, a esta tu creación de *huevos*, que sean sustento a tus siervos, comiéndolos en recuerdo de nuestro Señor Jesucristo.»[4] Otra mezcla que pasó a la Babilonia moderna y ha llegado a ser una costumbre de nuestros días.

Así como el pez fue asociado con la diosa como señal de fertilidad sexual, también el huevo era otro símbolo de fertilidad. Cuando lo analizamos es trágico que simbolismos viciosos como éstos hayan llegado a ser relacionados con la cristiandad, cuando en realidad estas cosas no tienen conexión alguna con el verdadero cristianismo.

Otra costumbre de la Pascua es la celebración del *culto al amanecer*. La opinión común es que este servicio en honor de Cristo es debido a que Él resu-

---

3. P. 859, artículo «Easter».
4. Dos Babilonias, p. 110.

citó en la mañana del Domingo de Pascua, ¡al salir el sol! Pero ya hemos visto que la resurrección de Cristo no ocurrió al amanecer, ya que siendo aún oscuro María Magdalena llegó al sepulcro el primer día de la semana (Juan 20:1). Si la resurrección del Señor no tuvo lugar al amanecer, no hay razón plausible para los cultos de Pascua al amanecer, aunque siempre hay razón para celebrar su gloriosa resurrección que garantiza nuestra fe y esperanza.

En cambio, había un tipo de culto pagano al amanecer conectado con la «adoración al sol».

No queremos decir con esto que los cristianos de hoy en día rindan culto al sol en los servicios matinales de Pascua. Ni tampoco que el católico que se arrodilla ante la custodia donde está la hostia esté literalmente adorando al sol. Pero sí decimos que tales prácticas son una obvia mezcla del paganismo con la cristiandad.

En el Antiguo Testamento, el pueblo escogido por Dios fue llevado en cautiverio a Babilonia debido a su mezcla de paganismo y culto al sol. Dios les indicó esto por medio del profeta Ezequiel. «Y metióme en el atrio de adentro de la casa de Jehová —dijo el profeta— y he aquí junto a la entrada del templo de Jehová entre la entrada y el altar, como veinticinco varones con sus espaldas vueltas al templo de Jehová y sus rostros al *Oriente*; y encorvábanse al nacimiento del sol» (Ezequiel 8:16). Aquí vemos que el pueblo que había conocido a Dios, había permitido que esta mezcla de culto solar entrara y corrompiera su culto al verdadero Dios.

Los ritos relacionados con el amanecer —en una u otra forma— eran conocidos en infinidad de naciones. Los que construyeron la Esfinge en Egipto, lo hicieron para que cuidase del nacimiento del sol al Oriente. Desde el monte Fuji-Yama (Japón) se dan oraciones cara al Oriente. «Los peregrinos oran a su sol naciente, mientras escalan los lados de la montaña... A veces se pueden ver cientos de peregrinos que van a Shinto en sus túnicas blancas saliendo de sus sombrillas y cantando al sol naciente.»[2] Y los mitraístas paganos de Roma, a los cuales ya hemos mencionado, se reunían al amanecer en honor de su dios solar.

Volviendo al capítulo 8 de Ezequiel, cuando el profeta vio a veinticinco hombres mirando hacia el oriente al amanecer, no pensaban que importaba mucho que su costumbre estuviera mezclada con otro culto. Pero debido a esto, Dios dijo a Ezequiel: «¿No has visto, hijo de hombre? ¿Es cosa liviana... hacer las abominaciones que hacen aquí?... Y he aquí que ponen hedor a mis narices» (versículo 17). Este rito de poner hedor a las narices era también asociado con el amanecer del sol en el Oriente. Este era un rito idólatra de ponerse una rama al amanecer en la nariz mientras entonaban himnos al sol naciente.[3]

¿Hay alguna indicación de que estos servicios fueron conducidos durante la *primavera*? Sí la hay. En realidad, el mismo nombre de *Easter* (en español Pascua), viene de la diosa de la *Primavera*. De esta palabra sajona tenemos en español la palabra «Este», que es el lugar hacia donde se pone el sol.

En Ezequiel 8:14, leemos: «Y he aquí mujeres que estaban allí sentadas lamentando por *Tammuz*». Y luego, en los versículos siguientes, Ezequiel vio los ritos al sol. De modo que incluso la gente que conocía a Dios, se había mezclado con la religión de Babilonia, lamentando con Ishtar, la «madre», al Tammuz muerto. Esto era parte del festival de primavera (el renacimiento de la nueva vida de la vegetación, etc.), representando así la venida de Tammuz desde el fondo de la tierra. Y juntamente co-

---

2. La historia del culto mundial, p. 330.
3. Fausset, p. 304.

nectando con estas festividades primaverales, estaban los ritos en los cuales los hombres miraban hacia el Este, al sol naciente.

Dado que nuestro verdadero Salvador, el Señor Jesucristo, resucitó en realidad (no en forma de plantas o naturaleza), y como su resurrección tuvo lugar en primavera —aunque un poco antes del festival pagano de viejos tiempos—, no fue muy difícil para la Iglesia del siglo IV (para esta época ya se había apartado de la fe) mezclar el rito pagano de la primavera con la celebración cristiana de la resurrección del Señor. De este modo ambos lados eran atraídos a la Iglesia profesante. Hablando de esta unión, la *Enciclopedia Británica* dice: «El cristianismo incorporó en su celebración de la gran fiesta cristiana muchos de los ritos y costumbres paganos del festival de primavera pagano».[1]

La evidencia cristiana es clara: la presente costumbre de la Semana Santa no es cristiana. Sus costumbres son simplemente una mezcla de paganismo con cristiandad. Algunos creen que podemos tomar estas costumbres y usarlas para dar honor a Cristo. Después de todo, razonan, ¿no piensan la mayoría de los cristianos en Cristo durante esta temporada? A pesar de que los paganos adoraban al sol de cara al Este, ¿no pueden los cultos de Pascua al amanecer ser en honor de la resurrección de Cristo? ¿No resucitó verdaderamente el Señor el domingo por la mañana? Y a pesar de que el huevo era usado por los paganos, ¿no podemos continuar con su uso para simbolizar la gran roca redonda que estaba enfrente de la tumba? En otras palabras, algunos creen que podemos tomar todas estas ideas y creencias paganas y en vez de aplicarlas a dioses falsos, usarlas para dar gloria a Cristo. A primera vista, parece ser un buen razonamiento, ¡pero esta idea de añadir cos-

---

1. Vol. 7, p. 859, artículo «Primavera» (Easter).

tumbres paganas al culto del Dios verdadero, está absolutamente condenada por la Biblia! Aquí está lo que dice Jehová: «Guárdate..., no preguntes acerca de sus dioses diciendo: De la manera que servían aquellas gentes a sus dioses, así haré yo también. *No* harás así a Jehová tu Dios..., cuidaréis de hacer todo lo que yo os mando: ¡no añadirás a ello!...» (Deuteronomio 12:30-32). Claramente entonces, nuestro Dios no quiere que añadamos nada a su culto. El no quiere que usemos costumbres y ritos que los paganos usaron, aunque arguyamos que es en su honor.

Habiendo adoptado el festival pagano de primavera de Ishtar o *Easter* en la Iglesia apóstata, fue natural el adoptar también la antigua costumbre del *ayuno* que precede al festival de primavera. Este período de cuarenta días antes de la Pascua, se conoce como *Cuaresma*. En tiempos pasados estos cuarenta días eran observados con llantos, ayuno y maceraciones por Tammuz —a fin de renovar sus favores— para que saliera del centro de la tierra, terminara el invierno y causara el principio de la primavera. De acuerdo a las viejas leyendas, Tammuz tenía cuarenta años cuando fue muerto por un cerdo salvaje. Así que cuarenta días —uno por cada año que vivió en la tierra— fueron designados para «llorar por Tammuz». La observación de este período en honor de Tammuz no solamente era conocida en Babilonia, sino también por los fenicios, los egipcios y por un tiempo, incluso entre el pueblo escogido por Dios cuando cayó en apostasía (Ezequiel 8).

Cuarenta días de abstinencia o Cuaresma era conocido y practicado por los adorades del demonio en el Kurdistán, quienes heredaron la costumbre primaveral de sus maestros, los babilonios.[1] Esta cos-

---

1. **Dos Babilonias**, p. 104.

tumbre era conocida también entre los paganos mexicanos, los cuales acostumbraban tener un «ayuno de cuarenta días en honor del sol».[2] «Entre los paganos —dice Hislop— esta Cuaresma parece haber sido indispensable antes del gran festival anual en memoria de la muerte y resurrección de Tammuz.»[3]

La Cuaresma es considerada igualmente importante en la religión católica romana. ¿Pero esa creencia se basa en la Biblia? ¡No! Como hemos visto, es una doctrina cuyas raíces son el paganismo de Babilonia. Cuando el paganismo y el cristianismo fueron mezclados, poco a poco la Cuaresma pagana fue unida a la Iglesia profesante. Se decía que era para dar honor a Cristo y no a los dioses paganos. Durante el siglo VI el Papa instituyó oficialmente la Cuaresma llamándola «fiesta sagrada» y ordenándola al pueblo mandó que se abstuvieran de comer carne durante este período.

En nuestros tiempos, algunos católicos no comen chocolate; otros se abstienen de mantequilla, otros de fumar un cigarrillo diario durante la Cuaresma —después de ella fuman veinte al día—, otros dejan de beber durante ese período. ¿Qué resultados puede traer esta costumbre? Ninguno. Tanto es así que esta es la clase de apostasía de la que nos previene que algunos enseñarían «doctrinas de demonios» y especialmente menciona una de estas doctrinas que «prohibirán abstenerse de viandas [comidas]» (1.ª Timoteo 4:1-4).

Naturalmente que las gentes que no comprenden el «misterio» de todo esto, piensan que el período de la Cuaresma y los días de «abstención» son seguramente de origen cristiano y de gran virtud. La realidad, no obstante, es que la Biblia y la historia antigua enseñan todo lo contrario.

---

2. Humboldt, Indagaciones mexicanas, Vol. 1, p. 404.
3. Dos Babilonias, p. 105.

20

EL FESTIVAL DE INVIERNO

Navidad, 25 de diciembre, es el día designado en nuestros calendarios como el día del nacimiento de Cristo. ¿Pero es verdaderamente el día en que nació Cristo? ¿Son las costumbres de esta temporada de origen cristiano, o son las navidades el resultado de otra mezcla entre el paganismo y la cristiandad?

Fijándonos en la palabra en inglés *Christmas*, notamos que es una mezcla de dos palabras. Aunque incluye el nombre de Cristo, también menciona la misa. Ya hemos visto que la misa con sus ritos y ceremonias elaboradas, oraciones paganas por los muertos, transustanciación, etc., es nada más que una continuación de ritos paganos.

La palabra Navidad se halla en la Biblia* y como hemos de ver, ¡el 25 de diciembre no es la fecha en que Cristo nació! Es evidente que nuestro Salvador no nació durante el invierno, pues cuando El nació, los pastores velaban sus rebaños en el campo. «Y había pastores en la misma tierra que velaban y guardaban las vigilias de la noche sobre su ganado» (Lucas 2:8). Como es conocido, los pastores en Palestina no hacen esto durante el invierno. Siempre traen sus rebaños de las montañas a los rediles antes del 15 de octubre.

_____

* *Nati-vitá* (nacimiento que da vida).

236

Con esto está claro que Cristo no nació a mitad del invierno. ¿No dicen las Escrituras en qué época del año nació Cristo? ¡Sí! Las Escrituras indican que nació en el *otoño*. El ministerio de nuestro Señor en la tierra duró tres años y medio (Daniel 9:27).

Su muerte ocurrió al final en la Pascua (Juan 18:39), lo cual era en la primavera. Así que tres años y medio antes del comienzo de su ministerio terrenal, marcan el principio de su ministerio en el otoño. Ahora bien, al comenzar Jesús su ministerio, tenía treinta años (Lucas 3:23). Esta era la edad aceptable para que un sacerdote pudiera empezar su ministerio, según el Antiguo Testamento (Números 4:3). De manera que como Cristo comenzó su ministerio a la edad de 30 años y esto era en otoño, 30 años atrás marcaría su nacimiento en el otoño y no en el invierno.

Aunque las Escrituras no indican la fecha exacta del nacimiento de Jesús, hay medios para averiguar la fecha aproximada del nacimiento de Juan el Bautista y como Juan nació seis meses antes de Cristo, al comparar ambas fechas podemos darnos cuenta de la fecha aproximada en que nació Jesús. Zacarías, el padre de Juan, era sacerdote en el templo de Jerusalén. En aquella época, cada sacerdote tenía un tiempo definido del año en que servía en el templo. Habían 24 divisiones o cursos de servicio durante el año. Los nombres de estos cursos son dados en 1.º Crónicas 24:7-19. De acuerdo a Josefo, cada uno de aquellos cursos duraban una semana[1]; la primera semana comenzaba en el primer mes, Nisan, al principio de la primavera (1.º Crónicas 27:1-2). Después de seis meses, este orden de cursos era repetido para que cada sacerdote pudiera servir dos veces al año durante una semana. Entonces, tres semanas

---

1. **Antigüedades de los judíos**, Vol. 7, p. 7, 14.

del año todos los sacerdotes servían juntamente durante el período de la Pascua, Pentecostés y la Fiesta de los Tabernáculos.

Con estos datos como fundamento, notemos qué curso era el que Zacarías servía entonces: «Hubo en los días de Herodes, rey de Judea, un sacerdote llamado Zacarías, *de la suerte de abías* —o *Abijah* en el hebreo— y aconteció que ejerciendo Zacarías el sacerdocio delante de Dios por el orden de *su vez...*, se le apareció el ángel del Señor». El ángel le reveló que su esposa Elisabet, aunque entrada en edad, daría a luz a un hijo (Lucas 1:5-13). ¿En qué época del año ejercía Zacarías la Suerte de *abaís?* De acuerdo con 1.º Crónicas 24:10, el curso de abías era el *octavo* en orden. Es decir, la fecha era entre Iyar 27 y Sivan 5; o sea, 1.º de junio al 8 del mismo. Después de su servicio semanal en el templo, Zacarías fue obligado a permanecer otra semana porque a la siguiente era Pentecostés. Pero tan pronto como cumplió su ministerio, regresó a su casa en los montes de Judea, aproximadamente a 30 millas al Sur de Jerusalén; y su esposa concibió (Lucas 1:23-24). Esto fue aproximadamente a mediados de junio; al añadir nueve meses a esto, llegamos a una fecha aproximada del nacimiento de Juan. De acuerdo a esto, Jesús nació al principio de la primavera.

Puesto que Jesús era seis meses menor que Juan (versículos 26 y 36), simplemente añadimos este tiempo a la época en que Juan nació y tenemos como resultado que Cristo nació a mediados de septiembre. Como podemos ver, nuestro Señor nació en el *otoño,* y no el 25 de diciembre.

Otra prueba de esta conclusión la tenemos en el hecho de que cuando Jesús nació, José y María habían ido a Belén a empadronarse (Lucas 2:1-50). No hay registros que indiquen que este período fuese en invierno, ni motivo alguno para creer, como hemos

238

leído muchas veces en comentarios sobre Navidad, que el empadronamiento había causado la aglomeración de forasteros que no permitió a José y María encontrar lugar en el mesón. No hay ninguna razón para creer que fuesen tantos los judíos oriundos de Belén radicados en estas poblaciones, pues todos los judíos se hallaban adheridos a las tierras de sus antepasados. José tuvo que hacerlo por causa de la persecución de Herodes contra el niño Jesús. ¿Qué causaría, pues, la aglomeración? Lo más probable es que fuera la fiesta anual de otoño a la que José y María solían concurrir como buenos judíos y aunque esta vez tenían razón para abstenerse, dado el estado de María, no pudieron hacerlo por coincidir con la nota real del empadronamiento «cada cual en la ciudad donde era nacido» (Lucas 2:1-).

Jerusalén era, normalmente, una población de 120.000 habitantes, pero según Josefo, durante las fiestas algunas veces se reunían allí hasta dos millones de judíos. Con tan grandes multitudes de gente que venían a las fiestas, no solamente se llenaba Jerusalén, sino que también la aldea de Belén, situada a sólo 5 millas al sur. Esto era al final de la siembra. Todo esto y la evidencia dada anteriormente, indican que el nacimiento de Cristo fue en el otoño y no el 25 de diciembre.

Si Cristo no nació en diciembre, ¿cómo llegó este día a ser parte del calendario de la Iglesia? La historia nos da la respuesta. ¡En vez de ser este día el nacimiento de nuestro Salvador, este era el día en que los paganos, durante muchos siglos, celebraron el nacimiento de su dios solar! Un estudio de esto demuestra cuánto se rebajaron los líderes de la Iglesia apóstata en sus esfuerzos por unir el paganismo con el cristianismo hasta el punto de poner el nacimiento de Cristo en una fecha que armonizaba con la celebración pagana del nacimiento del dios sol. Fue en el siglo v que la Iglesia Católica Romana ordenó que el nacimiento de Cristo fuera observado el 25 de diciembre, el día de la antigua fiesta romana del solsticio de invierno.

En los días del paganismo esta fiesta del nacimiento del dios sol era popular especialmente dentro de los «misterios» conocidos como mitraísmo. Este festival era llamado «La Natividad».[2] Y no solamente Mitra, el dios sol del mitraísmo, del cual se decía que había nacido en esta época del año, sino también de Osiris, Orus, Hércules, Baco, Adonis, Júpiter, Tammuz y otros dioses, puesto que eran todos procedentes de la misma leyenda de Tammuz con otros nombres. Todos ellos habían nacido en la misma época invernal conocida hoy como «Navidad».[1]

Dice un notable escritor: «La época invernal era cuando todos los dioses solares, desde Osiris hasta Júpiter y Mitra, celebraban su cumpleaños. Las celebraciones consistían en árboles de pino para Adodis, Saturno y otros que representaban el calor del nuevo nacimiento del sol en forma de fuego...».[2]

En Babilonia el cumpleaños de Tammuz era celebrado en esta época del invierno con grandes fiestas, celebraciones y borracheras, igual que se celebra hoy en día. La vieja celebración se dispersó y llegó a ser una costumbre tan arraigada en la «Roma y Grecia paganas en los días de los bárbaros teutónicos, como en las épocas remotas de la civilización egipcia y en todas partes este período era siempre celebrado con fiestas y regocijo».[3]

1. Enciclopedia Americana, Vol. 6, p. 623.
2. La rama dorada, p. 471.
1. Doane, p. 474, Hislop, p. 93.
2. El hombre y sus dioses, p. 201.
3. Curiosidades de costumbres populares, p. 242.

Cuando este Festival del Invierno llegó a Roma, era conocido como *La Saturnalia*. Saturno no era más que otro nombre de Nimrod o Tammuz, como el «dios escondido». Esta fiesta era la más vil, inmoral y degenerada que tanto desprestigió a Roma. Era una época de libertinaje, y borrachera, cuando todas las restricciones de la ley eran puestas a un lado. Fue de esta misma fiesta romana de la que se tomó la celebración del nacimiento de Cristo y que pasó a la Iglesia Católica Romana hasta la presente civilización. «Es algo conocido —afirma un escritor— que la mayoría de nuestra relación con la temporada de Navidad y las fiestas, es el dar regalos y el sentimiento de amistad, lo cual no es más que una herencia del Festival de Invierno romano procedente de *La Saturnalia*, que proviene del paganismo.»[1]

Tertuliano menciona la práctica de intercambiar regalos en esta temporada como parte de *La Saturnalia* romana. Cuando este festival fue adoptado por la Iglesia Romana, también se adoptó esta costumbre. De ese modo trataron de hallar alguna similitud entre el paganismo y la religión cristiana, los líderes de la Iglesia Romana. Se dijo que era en recuerdo de los dones que los reyes magos presentaron a Jesús niño el intercambiar regalos. Pero no es así. Los magos no intercambiaron regalos entre ellos, sino que dieron sus regalos a Jesús, el nacido Rey de los Judíos. (Era una costumbre oriental el presentar regalos al estar ante un Rey.) Pero estos regalos no eran regalos de nacimiento. Cuando los magos llegaron, fue mucho después del nacimiento de Jesús. Para esa época, ya vivía El en su *casa* (Mateo 2:9-11), y no en el establo. Obviamente, los regalos de los magos no eran regalos «navideños».

1. The Legacy of Roma (La herencia de Roma), p. 242.

No tenemos espacio suficiente para tratar sobre todas las costumbres navideñas como Santa Claus, y el comercialismo que se opera en esta temporada, pero vemos que todo ello está falto de fundamento bíblico y claramente identifica nuestras costumbres de hoy con las de *La Saturnalia* de la Roma pagana.

Finalmente, para concluir con las costumbres de la temporada «navideña», mencionaremos el *árbol* de Navidad. Una fábula babilónica decía que Semíramis, la madre de Tammuz, afirmaba que durante una noche, un árbol verde se desarrolló de un tronco muerto. El tronco muerto supuestamente representaba a su esposo muerto, Nimrod, ¡y el árbol de pino llegó a ser el símbolo de que Nimrod había revivido en la persona de Tammuz!

La idea se propagó y se desarrolló tanto que muchas naciones tienen sus propias leyendas de árboles sagrados. Entre los druidas, los egipcios, los romanos (los cuales adornaban sus árboles con cerezas rojas durante *La Saturnalia*[1]), los escandinavos y muchos más. Y al igual que otros ritos paganos, fueron absorbidos por el «cristianismo». Asimismo lo fue el uso del árbol de Navidad. El árbol de Navidad recapitula la idea del culto con sus bolas brillantes en símbolo del sol... y todas las festividades del invierno pagano han sido incorporadas al día de la Navidad.[2]

En no menos de 10 referencias bíblicas, el árbol verde es asociado con idolatría y culto falso.[3]

---

1. Curiosidades de costumbres populares, p. 242.
2. Festivales, días santos y días de santos, p. 222.
3. Deut. 12:2; 1.º Reyes 14:23; 2.º Reyes 16:4; 17:10; Ezequiel 6:13.

Naturalmente las gentes de la época de Jeremías, como lo indica el contenido de

este pasaje, estaban realmente haciendo un ídolo del leño. No queremos decir que en nuestros tiempos la gente pone el árbol de Navidad en sus hogares o iglesias para «adorar» a un árbol. Lo que estamos diciendo es que el uso del árbol de Navidad es claramente algo traído del paganismo en una forma modificada. Pero cualquiera que sea la diferencia entre el viejo uso del árbol y las costumbres del presente, nadie puede negar que las costumbres son cosas de los hombres, y Dios dice: «Porque las costumbres de los pueblos son vanidad» —sin valor, vacías— no añaden poder al verdadero culto.

Las navidades fueron adoptadas por la Iglesia Romana durante el siglo v. En el VI fueron enviados misioneros al norte de Europa para atraer paganos bajo el yugo romano. Estos hallaron que el 24 de junio era una fecha muy popular entre estas gentes. Para poder atraerlos a la Iglesia como era la costumbre después de la apostasía, los líderes de la Iglesia apóstata les permitieron que continuaran celebrando su fiesta pagana, sólo que tendrían que hallar algún acontecimiento cristiano con el cual asociarlo. Pero ¿qué evento podían asociar con el 24 de junio? Ya habían adoptado un día para conmemorar el na-

243

cimiento de Cristo, el 25 de diciembre. De modo que este error llevó a otro error. Al darse cuenta de que el 24 de junio era aproximadamente seis meses antes del 25 de diciembre y como Juan el Bautista nació seis meses ante de Jesús, entonces, ¿por qué no establecer el 24 de junio como el día del nacimiento de Juan el Bautista? Esto es lo que hicieron. ¡Hasta hoy en día el 24 de junio es conocido en el calendario papal como la natividad de san Juan! Pero obviamente esta idea fue basada en un fundamento falso porque Juan no nació el 24 de junio; y el asociar ese nombre con ese día no fue más que otro intento por cubrir la fiesta pagana y dejarla continuar, pero ahora en la Iglesia.

Tiempos atrás, este día era asignado al culto de Baal. En la Gran Bretaña, antes de la entrada del cristianismo, el 24 de junio fue celebrado por los druidas con *llamas* de fuego en honor a Baal (el dios sol, Nimrod, en forma divina). Los escritos de notables historiadores como Herodoto, Wilkinson, Layard y otros, hablan de estos fuegos ceremoniales en diferentes países. Cuando el 24 de junio fue adoptado en la Iglesia y cambiaron su nombre al día de san Juan, también se adoptaron los fuegos y se llamaron «los fuegos de san Juan». «Yo he visto gentes correr y saltar a través de los fuegos de san Juan en Irlanda —dice un escritor del siglo pasado—, orgullosos pasando a través del fuego, pensando de ellos mismos como si fueran bendecidos de una forma especial durante la ceremonia.»[1] Al leer estos ritos nos acordamos de prácticas similares en las cuales cayeron los hijos de Israel cuando éstos «pasaron por el fuego de Moloch» (Jeremías 32:31 y Ezequiel 20:31). Obviamente ninguna de estas prácticas tenía conexión alguna con Juan el Bautista.

---

1. **Druides de Toland**, p. 107.

Además de la ceremonia de fuego que se observaba el 24 de junio, este día también era conocido entre las tribus paganas como el *Festival del Agua*.[1] ¿Acaso no había sido Juan el Bautista conocido especialmente como el que bautizaba con agua? Así que esta pequeña semejanza ayudó a disfrazar la continuación del día pagano con su nuevo nombre.

Hemos estudiado anteriormente cómo el culto de la diosa madre fue mezclado en la cristiandad. ¡Los paganos habían orado y venerado durante siglos a la diosa madre del paganismo! Para poder atraer a estos paganos, la Iglesia apóstata adoptó y continuó los viejos ritos y cultos que habían sido usados para la madre pagana, sólo que se les ordenó usar el nombre de María, la madre de Jesús, en lugar de Diana, Isis, Astarté, Artemis, etc. Y así como otras ideas que habían sido asociadas con el culto a la diosa madre fueron mezcladas con la Iglesia en su deseo por unir el cristianismo con el paganismo, el día 15 de agosto —día del festival de Isis o Artemis—, fue simplemente cambiado el nombre a *Día de la Asunción de la Virgen María*, el cual es celebrado hasta nuestros días.[1]

Como dijo un escritor sobre la fiesta de la Asunción de la Virgen, «es celebrada el 15 de agosto, pero esa era la fecha del gran festival de Diana, con la cual Isis es identificada y uno puede darse cuenta cómo María gradualmente tomó el lugar de una diosa».[2] Evidentemente la Iglesia apóstata dio poca importancia a las verdaderas épocas en que los eventos sucedieron. Ellos declararon todas sus fiestas y celebraciones de acuerdo con la popularidad de estas fechas entre los paganos.

---

1. La gran apostasía, p. 28.
1. La historia de la civilización, p. 746.
2. El paganismo en nuestra cristiandad, p. 132.

Otro día, supuestamente establecido en honor de María, es el llamado *Día de la Purificación de la Virgen María*, que se celebra el 2 de febrero. En este día los sacerdotes católicos bendicen las velas, las cuales se distribuyen al pueblo durante la misa. En este día, todas las velas que han de ser usadas en todo el año para los ritos católicos, son bendecidas.

¿Cómo llegó a ser el 2 de febrero designado como este día especial? Fue instituido por la Iglesia para reemplazar un día pagano. ¡Y no sólo adoptó la Iglesia este día, sino que hizo lo propio también con las costumbres! En los días de la Romana pagana, este festival se observaba llevando antorchas y velas en honor de Februa, nombre del cual se deriva el del mes de febrero. Los griegos celebraban la fiesta en honor de Ceres, la madre de Prosperpina, ¡la cual, en este mismo día, buscaba a su hija en el centro de la tierra con antorchas y velas según cuenta la leyenda! Entre los egipcios este día también era celebrado en honor de la Diosa Neith, ¡el mismo día conocido como el *Día de la Candelaria* en la Iglesia Católica Romana! De tal manera que la celebración de este día dedicado a la diosa madre y el uso de las candelas, son todas creencias que sin lugar a dudas fueron adoptadas por los apóstatas, del paganismo.

Todos estos días y fechas que hemos mencionado, al igual que otros más, los cuales el espacio no nos permite explicar, fueron adoptados en el calendario de la Iglesia Romana paganizada. Suponemos con motivo que si el apóstol Pablo se levantara a predicar a esta generación, le diría a la Iglesia profesante actual lo mismo que dijo a los gálatas: «Observáis días y meses y tiempos y años. Temo de vosotros, que no haya trabajado en vano en vosotros» (Gálatas 10: 11). ¿A qué día se refiere Pablo? El texto parece indicar los sábados y festividades judías, pero puesto que ellos se habían convertido del paganismo de los «dioses» (versículo 8), es muy probable que algunos de ellos volvieron a su antiguo culto (versículo 9). Los días, meses, tiempos y años que guardaban eran aquellos que habían sido dedicados a los dioses paganos. Sin embargo, fueron estos mismos días los que la Iglesia apóstata incorporó en su culto disfrazándolos con nombres de resonancia cristiana y así se continúan observando hasta el presente.

EL MISTERIO DE LA MEZCLA

Hemos visto con cantidad de ejemplos cómo la mezcla del paganismo con la cristiandad trajo como resultado la Iglesia Católica Romana. En los últimos dos capítulos, hemos visto cómo tuvieron comienzo muchas de las costumbres y festivales religiosos de la cristiandad. Y esto mismo que se hizo en cuanto a fiestas y ritos, fue hecho también en cosas mucho más importantes, en doctrinas y cultos.

De la misma forma en que los paganos adoraban y oraban a la diosa madre, del mismo modo la Iglesia apóstata adoptó este culto pagano añadiéndole el nombre cristiano de María para disfrazar la mezcla. Los paganos tenían dioses y diosas asociados con varios días, ocupaciones y acontecimientos de la vida. La Iglesia apóstata adoptó este sistema, pero para hacer la mezcla menos obvia, no se referían a estos dioses como tales, sino que se les llamó «santos», mientras que el antiguo culto continuaba bajo su nombre. Así como los paganos usaban ídolos o estatuas de sus divinidades paganas, la Iglesia apóstata siguió haciéndolo.

Desde tiempos antiguos los paganos usaron la imagen de la T, la letra inicial de Tammuz, como su amuleto protector. Este símbolo se esparció por las naciones y tomó diferentes formas. La Iglesia apóstata mezcla estas costumbres supersticiosas de las cruces con la cruz de Cristo. Ellos continuaron dando honor a la imagen de la cruz, mientras que la verdadera y «completa» obra de la cruz fue escondida entre los rituales de la misa pagana con sus ritos de la transustanciación, imágenes solares, misterios, dramas y oraciones a los muertos.

Así como los paganos tenían sus oraciones rituales repetidas y sus instrumentos para contar las veces de su repetición, en la Iglesia apóstata se adoptó para el mismo objeto y motivo el rosario.

Las naciones paganas tenían sus reliquias, las cuales eran sumamente veneradas, creyendo que tenían poderes sobrenaturales. El uso de las reliquias fue también ingeniosamente mezclado en el culto de la Iglesia apóstata.

La religión pagana tenía su supremo pontífice, de modo que cuando el paganismo fue mezclado con la cristiandad en Roma, este oficio —tan falto de fundamento bíblico— halló un lugar en la Iglesia apóstata de Roma. Los paganos llevaban en andas a sus pontífices en sus procesiones; esta práctica también fue adoptada en la Iglesia apóstata para con el obispo de Roma. Los pontífices del paganismo declaraban su infalibilidad y finalmente, también esto llegó a ser aplicado a los papas, a pesar de tener abundantes evidencias en su contra. Así como los pontífices paganos reinaban sobre el colegio de cardenales, Sacerdotes de la Bisagra, asimismo lo hace actualmente el pontífice de la Iglesia apóstata. Literalmente, en cientos de maneras, los ritos paganos fueron mezclados con la cristiandad en Roma, y esta mezcla produjo lo que hoy en día es conocido como la Iglesia Católica Romana (tal y como lo hemos demostrado).

En su libro *El desarrollo de la religión cristiana*, el famoso escritor católico, cardenal Newman, admite que «templos, incienso, lámparas de aceite, ofrendas votivas, agua bendita, fiestas y temporadas devocionales, procesiones, bendiciones a los campos, vestiduras sacerdotales, la corona y las imágenes, *son todos* de origen *pagano*».[1] Sin embargo, debido a que estas costumbres paganas han sido «cristianizadas», es decir, mezcladas con costumbres y nombres cristianos, muchos razonan que de esta forma son aprobadas y aceptadas por Dios. Los católicos creen que aunque un rito o costumbre haya sido originalmente pagano, si es aplicado a Cristo, entonces es aprobado por Dios, aunque no tenga fundamento bíblico. Pero esto es sólo un razonamiento humano completamente opuesto a la Palabra de Dios.

Notemos esto cuidadosamente.

En los días en que los israelitas levantaron un becerro de oro (Exodo 32), nadie negará que esta clase de culto era falso, pagano y una aberración ante Dios. Sin embargo, lo hicieron en el nombre  de Jehová. Ellos querían un dios que pudieran ver, algo para suplementar su culto al Dios eterno e invisible. Así que levantaron un becerro de oro, símbolo del hijo del dios solar. Se sentaron a comer, beber y se levantaron a danzar. Practicaron sus ritos paganos y se despojaron de sus ropas (versículo 25). Cualesquiera que hayan sido sus ritos, fueron sin duda ritos que habían aprendido en la tierra pagana de Egipto, los que habían procedido del paganismo babilónico. Ya anteriormente mencionamos varios ri-

1. P. 85.

tos paganos celebrados al desnudo por los sacerdotes.[1] Es evidente que el culto al becerro de oro en el cual cayeron los israelitas, fue totalmente pagano. Sin embargo —y esto es lo que queremos notar—, ellos argüían que estaban celebrando su «fiesta al Señor», el verdadero Dios (versículo 5). Aquí, pues, vemos una *mezcla*, un intento por unir ritos paganos en su adoración y llamarlos una fiesta al Señor. ¿Aprobó Dios esta adoración? Todos sabemos la respuesta. Cerca de tres mil personas perecieron como resultado de esta apostasía. Entonces, si Dios no aceptó ese culto en aquel entonces, a pesar de que lo dedicaron al Señor, ¿cómo podemos suponer que El acepta hoy en día una adoración que, de igual manera, es una mezcla del paganismo con la cristiandad?

Durante los cuarenta años que anduvieron en el desierto, los hijos de Israel portaron el tabernáculo de Dios. Eran grandes creyentes del Dios verdadero, como lo podemos ver en la historia. Sin embargo, algunos no se contentaron con esto, así que añadieron algo. Se hicieron un tabernáculo babilónico, ¡el cual también llevaron consigo! Jehová dijo: «Mas llevábais el tabernáculo de vuestro Moloch y Chiún, ídolos vuestros, la estrella de vuestros dioses que os hicistéis» (Amós 5:26). Esta apostasía es también mencionada en el Nuevo Testamento, en donde estos ídolos (dioses) que portaron, eran llamados Repham y Chiún, los cuales son nombres de Baal (Nimrod) y Astarté (la diosa madre).[1] Por razón de esta mezcla, Dios rechazó sus cantos de adoración, sacrificios y ofrendas. Aunque fueron dedicados a El, al verdadero Dios, aun así esos cultos no fueron aceptados porque eran *mezcla*.

---

1. En el principio, p. 148; Lo grande que fue Babilonia, p. 182, 354.
1. Fausset.

Para citar otro ejemplo bíblico de cómo el paganismo y el culto al Señor fueron mezclados, notemos el capítulo 17 de 2.º Reyes. En este capítulo leemos que los hijos de Israel cayeron en falsos cultos. Instituyeron ritos secretos, levantaron ídolos y sirvieron al sol, a la luna y a las estrellas, usaron adivinadores y hechiceros, hicieron pasar a sus hijos por el fuego, etc. (versículos 9-17). Como resultado, fueron despojados de sus tierras. Luego el rey de Asiria trajo hombres de varias naciones, incluyendo Babilonia para habitar en las tierras de las cuales habían sido desterrados los hijos de Israel. Las gentes de estas naciones practicaban ritos paganos y Jehová les envió leones (versículo 25). Al ver que el Señor estaba contra su paganismo, enviaron por un hombre de Dios que fue llevado en cautiverio. Querían que les enseñara cómo adorar y temer al Dios Jehová. «Mas cada nación se hizo sus dioses, «los cuales son numerados en los versículos 29 al 31. Trataron de adorar a estos dioses y al Señor a la vez, haciendo una mezcla. «Y temían a Jehová e hicieron del pueblo sacerdotes de los altos... temían a Jehová y honraban a sus dioses» (versículo 32). Esta mezcla fue rechazada por Dios; El odia las mezclas. Aunque estas gentes decían que honraban al Señor, también servían a ídolos. Hoy en día el romanismo dice que honra al Señor, pero obviamente es un sistema que vino como resultado de una mezcla con los ídolos paganos.

En los días de Sofonías ocurrió otro intento por mezclar el culto pagano con el culto al Dios verdadero. Acerca de esto, el Señor dijo: «Exterminaré de este lugar el remanente de Baal... Y a los que se inclinan sobre los techos ante el ejército de los cielos y a los que están inclinándose haciendo juramentos a Jehová y haciendo juramentos a Malcam» (Sofonías 1:4-5). ¿Por qué los iba a exterminar Dios?

¿No estaban inclinándose ante El? Sí, pero su adoración al Señor estaba siendo mezclada con la adoración a Baal. ¡Dios requiere una adoración pura y rechaza los cultos mezclados!

En los capítulos 17 y 18 de Jueces leemos que cierto hombre tenía una «casa de dioses», una capilla especial en la cual tenía colocadas estatuas de dioses paganos. Tenía también un sacerdote llamado «padre». La descripción claramente indica que tal culto era idólatra y falso. Pero —y esto lo mencionamos para mostrar otro ejemplo de la mezcla— estas gentes pretextaban que buscaban la gracia de Dios (17: 3-13). Y el joven sacerdote-padre afirmaba que hablaba la Palabra de Dios (18:6). ¡Aquí también vemos otro caso de un intento por mezclar el paganismo con el culto al Dios verdadero!

Otro ejemplo de la mezcla de paganismo con el culto al Señor se encuentra en Ezequiel 8. A la entrada del templo del Señor, el pueblo levantó un ídolo. Dentro del templo de Dios incluso los ministros ofrecían incienso a falsos dioses. En este caso, estas abominaciones eran pinturas en las paredes, pinturas de insectos, bestias, ídolos, etc. Esto era simplemente babilónico. Pinturas similares se hallan en la entrada del templo de Ishtar (Astarté) en Babilonia. También relacionado con la casa de Dios, habían «mujeres llorando a Tammuz» — mesías falso de Babilonia— y hombres con «sus espaldas vueltas al templo de Jehová y sus rostros al oriente y se postraban ante el nacimiento del», el símbolo del dios babilónico. Estas gentes que habían mezclado tales ritos en sus cultos, eran las mismas que habían conocido al Dios verdadero, la casa de Judá (versículo 17).

Aunque su culto era celebrado en el templo de Jehová, aunque oraban al verdadero Dios, el Señor rechazaba sus oraciones y su culto (versículo 18). Dios no bendice tales mezclas.

En Ezequiel 23 leemos de un período de apostasía cuando el pueblo que conocía al verdadero Dios «hizo pasar a sus hijos por el fuego». Acerca de esto el Señor dice: «Aun esto más hicieron, contaminaron mi santuario..., pues habiendo sacrificado a sus hijos a sus dolos, entrábanse en el santuario el mismo día para contaminarlo» (versículos 38 y 39).

Jeremías también escribió de esta apostasía. Su mensaje fue para aquellos que reclamaban ser el pueblo de Dios. Estas gentes, cuando acudían al templo de Dios, iban a «adorar a Jehová» (Jeremías 7:2). Pero notemos que junto con el culto a Jehová habían otros ritos que procedían del paganismo y se habían mezclado en ellos. «He aquí vosotros os confiáis en palabras de mentira que no aprovechan e incensando a Baal y andando tras dioses extraños..., vendréis y pondréis delante de mí en esta *casa* sobre la cual es invocado mi nombre» (versículos 8-10). Y estas mismas gentes que iban al templo de Jehová, reclamaban que su culto era a Jehová, no solamente adoraban a Baal sino también a la madre pagana, la «reina del cielo», la cual también habían mezclado en su religión (versículo 18).

Podemos ver, pues, con repetidos ejemplos de las Escrituras que Dios no acepta el culto que es una mezcla. Como Samuel les predicó a los hijos de Israel cuando trataron de adorar a Dios y al mismo tiempo retener el paganismo: «Si es con todo vuestro corazón que estáis volviéndoos a Jehová, quitad de en medio de vosotros los dioses extranjeros y también las imágenes de Astaroth y preparad vuestro corazón a Jehová y *sólo* a El servid y os librará...» (1.º Sam. 7:3). Y éste continúa siendo el mensaje de nuestro Dios actualmente. Adoremos y sirvamos al Señor solamente sin mezcla de paganismo, sin mezcla de ritos y doctrinas que provienen del paganismo.

Satanás no aparece como un monstruo con cuernos, una larga cola y una horquilla. ¡No! Para engañar al pueblo, él aparece como un ángel de luz (2.ª Cor. 11:14). Igualmente, cuando quería continuar el viejo paganismo, Satanás sabía que para engañar al mundo tendría que seguir haciéndolo oculto tras un disfraz, de modo que poco a poco los hombres mezclaran el paganismo babilónico con el cristianismo. Esto lo hizo suavemente, a lo largo de muchos años hasta que el paganismo se estableció en lo que terminó llamándose la Iglesia, ataviada ahora con otras vestiduras que aparentan ser «cristianas». Jesús mismo nos previno de «falsos profetas... con vestidos de ovejas..., mas que por dentro son *lobos* rapaces» (Mateo 7:15). De esta forma los lobos paganos se pusieron vestiduras cristianas y esta ingeniosa mezcla ha engañado a millones. Pero es como si tratáramos de quitar la etiqueta que muestra los huesos cruzados de la muerte en una botella de veneno y la sustituyéramos por una etiqueta de dulces o chocolates.

Esto no cambia su contenido. El veneno sigue siendo tan peligroso como antes. Así de peligroso es tambin el paganismo, no importa cómo luzca por fuera.

Debido a la ingeniosa en que el paganismo fue mezclado con la cristiandad, el verdadero origen babilónico de la cristiandad apóstata se escondió llegando a ser un misterio, «Misterio, Babilonia la Grande». Pero de igual manera que un detective busca los datos y las claves para resolver un misterio, así hemos presentado en este libro muchas claves históricas y bíblicas como evidencias para descubrir el misterio. Algunas de estas claves han de parecer detalles insignificantes a primera vista, pero cuando vemos la escena completa, todas éstas se juntan para resolver finalmente el misterio de Babilonia, la antigua y la moderna.

Hemos visto cómo la Reforma rechazó cierta cantidad del elemento pagano del romanismo, pero retuvo parte del mismo. Y así terminamos aclarando que hoy en día la mayor parte de lo que es llamado cristiandad está aún en un estado apóstata como resultado de la apostasía de los siglos III y IV desde donde se ha engañado al mundo. Y en cuanto a este sistema apóstata que se conoce como «Misterio de Babilonia», Dios ha dicho: «Salid de ella, pueblo mo, porque no seáis participantes de sus pecados...» (Apocalipsis 18:4).

¿A quién debemos entonces mirar para la salvación? ¡A Jesús, el Autor y Consumador de nuestra fe, al Apóstol y Supremo Sacerdote de nuestra profesión, al Cordero de Dios, Capitán de nuestra salvación, Rey de reyes y Señor de señores! ¡Al Pan del Cielo, al Agua de vida, al Buen Pastor, al Príncipe de Paz! «Porque *no* hay otro nombre debajo del cielo dado a los hombres en que podamos ser salvos» (Hechos 4:12). Nuestra salvación no depende de un sacerdote humano. No depende de «María», ni de los «santos» o del Papa. Jesús dijo: «*Yo soy* el Camino, la Verdad y la Vida: *Nadie* viene al Padre sino por mí» (Juan 14:6).

¡La salvación viene de Cristo y sólo a través de El! ¿Le aceptamos a El y obedecemos su Palabra, la Biblia, o aceptamos y seguimos una religión que está basada en *mezclas* que se originaron en Babilonia? ¿Qué debemos escoger?

Como el Josué de antiguos tiempos, no podemos menos que decir: «Escoged *hoy* a quién habéis de servir; si a los dioses a quienes sirvieron vuestros padres, o a los dioses de aquellos [amorreos] en cuya tierra habitáis: En cuanto a mí y a mi casa, nosotros serviremos a Jehová» (Josué 24:15). ¡Amén! ¡Ven, Señor Jesús!

BIBLIOGRAFIA

COMENTARIO BIBLICO ABINGDON, F. C. Eiselen (ed.), Abingdon Press, N. Y.

UNA SUPLICA AL MUNDO CRISTIANO, Alexander Denovan.

CIUDADES Y TEMPLOS ANTIGUOS. BABILONIA, Albert Champdor.

ANTIGUOS MONUMENTOS DE ROMA, Theodore Pignatorre.

ANTIGUOS SIMBOLOS PAGANOS, Elisabeth Goldsmith.

ANALES ECLESIASTICOS, cardenal Cesare Baronius.

ANNALI D'ITALIA (Vol. 5), Louis A. Muratori (ed.).

ANUAL DE LA HISTORIA DE LA IGLESIA UNIVERSAL, John P. L. Zog.

ANTIGUEDADES DE LOS JUDIOS, Flavius Josephus.

ARQUITECTURA, NATURALEZA Y MAGIA, W. R. Lethaby.

BABILONIA Y NINIVE, A. H. Layard.

BABILONIA, ¿QUE ES EXACTAMENTE?, J. Q. Adams.

BABILONIA LA GRANDE HA CAIDO, Sociedad Atalaya de Biblias y Tratados (c).

MITOS BIBLICOS, T. W. Doane.

BIBLIA STANDARD (Vol, 45, núms. 2, 5), R. G. Jolly (ed.).

MITOLOGIA ANTIGUA DE BRYANT, Jacob Bryant.

HISTORIA ANTIGUA CAMBRIDGE. EGIPTO Y BABILONIA, J. B. Bury.

ENCICLOPEDIA CATOLICA (ed. 1913).

DICCIONARIO PICTORICO CATOLICO, UN, Harold A. Pfeiffer.

LISTA DE PALABRAS CATOLICAS, UNA, Rudolph G. Bandas.

GUIA ACOMPAÑANTE A ROMA, EL, Georgina Masson (Harper y Roe, N. Y.).

DICCIONARIO CATOLICO CONCISO, Robert C. Broderick.

CRUZ EN TRADICION, HISTORIA Y ARTE, LA, William Wood Swymour.

CRUZ. SU HISTORIA Y SIMBOLOS, LA, George Willard Bemson.

CURIOSIDADES DE LAS COSTUMBRES POPULARES, William S. Walsh. (Lippincott, Co.).

COSTUMBRES DE LA HUMANIDAD, LAS, Lillian Eichier (1937).

CAIDA DE LA IGLESIA MEDIEVAL, LA, Alexander C. Flick.

DESARROLLO DE LA RELIGION CRISTIANA, EL, cardenal Newman.

DICCIONARIO DE SIMBOLOS, UN, J. E. Cirlot.

PRIMEROS TIEMPOS, James Harvey Robinson.

ECUMENISMO Y ROMANISMO, Peter J. Doeswyck.

EGIPTO, Kenrick.

CREENCIAS EGIPCIAS Y PENSAMIENTOS MODERNOS, James Bonwick.

ENCICLOPEDIA AMERICANA.

ENCICLOPEDIA BRITANICA.

ENCICLOPEDIA DE RELIGIONES, J. G. Forlong.

VIDA DIARIA EN BABILONIA Y ASIRIA, George Contenau.

ENCICLOPEDIA BIBLICA DE FAUSSET, A. R. Fausset (Zondervan).

FESTIVALES, DIAS SANTOS Y DIAS DE SANTOS, Ethel L. Urlin.

LIBRO DE LOS MARTIRES DE FOX, John Fox.

RAMA DORADA, LA, James George Frazer.

GRAN APOSTASIA, LA, L. T. Nichols.

GRANDE QUE FUE BABILONIA, LO, H. W. F. Saggs.

CRECIMIENTO DE LA IGLESIA CRISTIANA, EL, Robert Hastings Nichols.

BIBLIA DE BOLSILLO, HALLEY, Henry H. Halley (24.ª edición, Copyright, 1965 por Biblia de Bolsillo Halley, Inc., y usada con permiso de Zondervan Publishing House).

ENCICLOPEDIA DE RELIGION Y ETICA, DE HASTING, James Hastings.

DICCIONARIO BIBLICO HARPER, Madeleine S. Miller.

DICCIONARIO DE LITERATURA CLASICA Y ANTIGUEDADES DE HARPER, Harry Thursdon Peck.

RELIGION IDOLATRA, LA, J. B. Gross.

HISTORIA DE LOS HISTORIADORES DEL MUNDO, LA, Henry Smith Williams.

RELATOS ALEMANES HISTORICOS, Charles Morris.

HISTORIA DE ARQUITECTURA EN ITALIA, Charles A. Cummings (1901).

HISTORIA DE LA IGLESIA, Schaff.

HISTORIA DE LOS CONCILIOS DE LA IGLESIA, B. Hefele.

HISTORIA DE LA CONQUISTA DE MEXICO, William H. Prescott.

HISTORIA DE LA HUMANIDAD, Bower.

HISTORIA DE LA REFORMA, J. H. Merle d'Aubigne.

EN LOS PRINCIPIOS, H. R. Hays.

ISIS DESCUBIERTA. Una llave maestra de los misterios, H. P. Blavatsky.

¿ES ROMA LA VERDADERA IGLESIA?, S. E. Anderson.

ENCICLOPEDIA JUDIA (1909 ed.).

JUICIO DE LA GRAN RAMERA, EL, Harvey H. Springer.

ESCALERA DE LA HISTORIA, LA, Upton Close.

LEGADO DE ROMA, EL, Cyril Bailey.

VIDA EN EL MUNDO ROMANO, T. G. Tucker.

EL HOMBRE Y SUS DIOSES, Homer W. Smith.

ITALIA MEDIEVAL, H. B. Cotterill.

INVESTIGACIONES MEXICANAS, Hamboldt.

MENTALIDAD DE LA EDAD MEDIA, LA, Frederick B. Artz.

DINERO Y LA IGLESIA, EL, L. P. Powell.

CRISTIANDAD MONUMENTAL, J. P. Lundy.

MI LIBERACION DE LAS HEREJIAS DE ROMA, Harry Hampel.

MISTERIOS DE MITRA, LOS, Franz Cumont.

NUEVO CATECISMO DE BALTIMORE, EL, Francis J. Connell.

LAS NOVENTA Y CINCO TESIS (Clásicos de Harvard), Martín Lutero.

NINIVE Y SUS REMANENTES, Austen Henry Layard.

REVISION OFICIAL DEL CATECISMO DE BALTIMORE (Núm. 2), Ellamay Horna.

OTRO LADO DE ROMA, EL, John P. Wilder.

BOSQUEJO DE LA HISTORIA, H. G. Wells.

PAGANISMO EN NUESTRA CRISTIANDAD, EL, Arthur Weigall.

PATROLOGINE LATINAE, Jacques Paul Migne.

PAPAS. UNA HISTORIA BIBLIOGRAFICA CONCISA, LOS, Eric John.

PAPAS. LA HISTORIA DE COMO SON ESCOGIDOS, ELECTOS Y CORONADOS, LOS, Zsolt Aradi.

SACERDOTE, LA MUJER Y EL CONFESIONARIO, EL, Charles Chiniquy.

REVELACION, H. A. Ironside.

REVELACION (PRI), Robert D. Brinsmead.

ASCENSION Y CAIDA DE LA IGLESIA CATOLICA ROMANA, F. Paul Peterson.

CATOLICISMO ROMANO, F. Lacueva, Vol. VIII de Curso de Formación Teológica Evangélica.

A LAS FUENTES DEL CRISTIANISMO, S. Vila.

CATOLICISMO ROMANO, Loraine Boettner.

ROMANISMO Y EL EVANGELIO, C. Anderson Scott.

ALTAR SAGRADO, Yrjo Hirn.

SACRORUM CONCILIORIUM, John Mansi.

EL GRAN ENGAÑO DE SATANAS, C. Paul Meredith.

BIBLIA ANOTADA POR SCOFIELD, Scofield.

DOCTRINA SECRETA, LA, H. P. Blavatsky.

SECRETOS DEL ROMANISMO, Joseph Zacchello.

HISTORIA DE LA CIVILIZACION, LA, César y Cristo (Vol. III), La Era de la Fe (Vol. IV), El Renacimiento (Vol. V), La Reforma (Vol. VI), Will Durant. (Simon y Schuster, Inc., N. Y.).

HISTORIA DE LA ADORACION EN EL MUNDO, F. S. Dobbins.

SECTAS EXTRAPAS Y CULTOS RAROS, Marcus Bach.

ESTE MUNDO CREYENTE, Lewis Brown.

ESTA ES LA IGLESIA CATOLICA, Joseph E. Ritter.

VIAJERO EN ROMA, UN, H. V. Morton.

DOS BABILONIAS, LAS, Alexander Hislop (Loizeaux Brothers, N. Y.).

VATICANO: AYER, HOY, MAÑANA, EL, George Selders.

VINO DE LA ROMA BABILONICA, EL, Mary E. Walsh.